写真アルバム

橋本・紀の川・岩出・伊都の昭和

色彩の記憶

——カラー写真でたどる郷土の昭和

▲**橋本市繁華街の眺望**　1500年代後半、応其上人が豊臣秀吉の支援を受けて町場として開いた橋本町。古来より高野参詣の宿場町であり、江戸期には紀ノ川の船番所が置かれ、川上船が和歌山から運んだ塩などの荷を陸揚げした川港町であった。長い間、橋本市の中心地として栄えてきたが、大雨による紀ノ川や支流の橋本川の増水で、たびたび家屋の浸水被害にあってきた。現在は街の再開発の途にある。手前は紀ノ川、街の後ろの台地には、橋本高校と古佐田丘中学校の校舎が建つ。その向こうに、城山台、三石台、柿の木坂などの新興住宅地が見える。後ろの高い山は和泉山脈。右手の低い所は紀見峠。〈橋本市向副・昭和60年代・提供＝瀬崎浩孝氏〉

▲橋本駅前　左が橋本駅、中央の建物は食堂を営んでいた竹屋支店。駅前広場には露店も出ており、いつも人だかりができていた。〈橋本市古佐田・昭和45年・提供＝阪口繁昭氏〉

▼和歌山バス　橋本市から和歌山市までを結ぶ路線が橋本駅近くの日通営業所前から出ていた。バス路線は鉄道に比べて停留所が多く、利用者に好評であった。〈橋本市古佐田・昭和45年・提供＝阪口繁昭氏〉

▼ほんまち商店街の夜店　毎年5月から8月の5、15、25日に開かれていた。親に連れられた子どもたちが、金魚すくいをしたり、綿菓子、カステラ焼きを買ったりして楽しんだ。〈橋本市橋本・昭和60年・提供＝北森久雄氏〉

▶**ほんまち商店街**　大和街道の松ヶ枝橋東詰付近。橋本市の中心部にあり、長い間歴史的な街並みが残っていたが、近年の再開発によりその面影はもうほとんどない。〈橋本市橋本・昭和50年代・提供＝橋本商工会議所〉

◀**東家の商店街**　松ヶ枝橋の西詰付近。手前が高野街道、奥に行くと松ヶ枝橋へ至る。現在も街道沿いの街並みは残っているが、写真の商店は営業していない。〈橋本市東家・昭和40年代・提供＝橋本中学校昭和26年度卒業生「二・六会」〉

▶**市脇交差点**　奥へ伸びる国道371号は現在では、4車線に拡幅され、橋本バイパスとなっている。昭和63年12月、ここに写るシャディコマツの後方に橋本商工会館が建設された。〈橋本市市脇・昭和50年代・提供＝橋本商工会議所〉

◀**橋本市の市街地**　東家にあった開発ビルの屋上から、国道24号岸上方面を眺めたもの。国道左側のビルは橋本電報電話局。国道24号はこの頃から和歌山と奈良、京都を結ぶ路線として多くの車が往来していた。〈橋本市東家・昭和59年・提供＝北森久雄氏〉

▼**最終運行間近の和歌山線の蒸気機関車**　国鉄和歌山線橋本駅を出発し、和歌山市駅に向かって、橋本川鉄橋の上を勇ましく走るC58形。和歌山線の蒸気機関車は、写真撮影から2カ月後の昭和47年3月12日にサヨナラ運転が行われた。南海高野線と和歌山線は橋本川鉄橋辺りから並行になる。春休みや夏休みの時期に子どもでいっぱいの南海高野線が、和歌山方面から走ってきた蒸気機関車と一緒になると、列車内で騒いでいた子どもたちは「汽車だよ！」の声に、一斉にそちらへ目をやり、続けて「ほんまや、汽車や、汽車や」と小躍りして喜んだ。〈橋本市古佐田・昭和47年・提供＝北森久雄氏〉

◀**南海電鉄御幸辻駅**　大正4年3月開業。この場所に高野山に詣でる嵯峨天皇の行幸の道が通っていたことが駅名の由来である。開業時は高野辻駅と呼んでいたが、高野山参拝に訪れる乗客が、高野辻駅を高野山への下車駅とたびたび間違えて降りるので、住民の強い希望もあって、大正12年に現在の駅名になった。〈橋本市御幸辻・昭和55年・提供＝北森久雄氏〉

◀**橋本小学校講堂**　大正 12 年に完成。昭和 43 年に市民会館が建設されるまで、学校行事だけでなく、成人式など橋本市の式典の会場としても使用されていた。〈橋本市東家・昭和 40 年頃・提供＝橋本中学校昭和 26 年度卒業生「二・六会」〉

▶**隅田小学校のプールで楽しい遊び**　竹製の水鉄砲を手に一心不乱にくす玉を狙う。その他にプールに浮かせた土俵で競い合う水上相撲なども行われた。〈橋本市隅田町垂井・昭和 40 年・提供＝隅田小学校〉

◀**紀ノ川**　水量も豊かで、青空に浮かぶ雲が鏡のように映るほどの清流だった。南海高野線の紀ノ川橋梁あたりの妻の浦には烏帽子岩、畳岩、神楽岩と名付けられた岩場があって、釣りを楽しむ人の姿がよく見られた。土地の人たちは伊勢参りをする際、朝暗いうちに起きて、ここ妻の浦で身を清めて旅立ったという。〈橋本市妻・昭和 40 年代・提供＝北森久雄氏〉

▶**高野口町商工会青年部による仮装**　高野口町の第 1 回秋祭り歩行者天国で「ひとの一生」の仮装をした。商工会青年部は、昭和 43 年 7 月に結成された。〈橋本市高野口町名倉・昭和 44 年・提供＝池田和夫氏〉

◀紀ノ川河原に並んだシール織物 織物業界の好景気を象徴する光景。天気の良い日には織物の町・高野口などから青や赤、緑色に染め上げられたばかりのシール織物がトラックで運び込まれ、紀ノ川の河原に一枚一枚並べて干された。花園のような模様が広がる様は、紀ノ川の風物詩のひとつとなり、橋上から眺めたり、カメラを向ける人も見られた。奥には橋本橋が見えている。〈橋本市向副・昭和47年・提供＝北森久雄氏〉

▶東京オリンピックの聖火リレー 国道24号を五條方面へ走る聖火ランナーを、隅田小学校の鼓笛隊とリコーダー隊、そして沿道を飾るキクの花が出迎えた。キクの鉢植えは、同校児童が各自1鉢ずつ育てて美しく咲かせた上で､国道に並べたものだという。〈橋本市隅田町中島・昭和39年・提供＝丹羽敬治氏〉

◀黒潮国体の選手が打田駅に到着 第26回国民体育大会（黒潮国体）のハンドボール競技の会場地に打田町が選ばれた。玄関口となった打田駅で、選手たちを受け入れる民宿の人びとが温かく出迎えている。打田町は役員、選手すべてを民宿で迎えることとなり、各大字に各県の代表選手が振り分けられた。歓迎でも競技でも、大字対抗のように盛り上がった。〈紀の川市打田・昭和46年・提供＝大井一成氏〉

▶田植え機の導入 田植えの機械化が始まった。発売初期の田植え機は1条植えだったが、それでも1人で1反を3時間ほどで植えることができた。当時はまだこの地域では珍しく、近隣から見物人も多く訪れたほどだった。後に発売されたエンジン付きの歩行型2条植えは、広く普及した。〈紀の川市西大井・昭和47年・提供＝大井一成氏〉

▶**国鉄粉河《こかわ》駅北の粉河本通り**
平成17年の道路拡幅および電線地中化完成に伴い「とんまか通り」となり、現在は通りの両側にハナミズキの街路樹が植えられている。平成21年には通り沿いに30基のモニュメントも設置された。〈紀の川市粉河・昭和29年・撮影＝橘信秀氏〉

◀**現在は見られない粉河の街並み**　道路拡張工事がなされる前の粉河寺門前町、本町通りの風景。場所は天福町北《てんぷくまちきた》、通称天北《てんきた》と呼ばれる所である。〈紀の川市粉河・昭和50年・提供＝木村康恵氏〉

▶**粉河の街並み**　秋葉山より西を望む。左上の洋風建築は粉河町役場、右上の大きな建物は粉河税務署である。〈紀の川市粉河・昭和29年・撮影＝橘信秀氏〉

◀**長田観音**　厄除祈願で有名な神社で、毎年旧暦2月の初午と二ノ午には多くの参詣者で賑わう。本尊は如意輪観音。この三重の塔は昭和36年の第2室戸台風で倒壊し、現在はない。境内の桜の木も写真の頃と比べて少なくなっている。〈紀の川市別所・昭和29年・撮影＝橘信秀氏〉

▼**棚田の田植え**　平地の少ない和歌山県では古くより棚田や段々畑が作られてきた。当時はまだ至る所で、このように美しい棚田の風景が見られたものだった。〈紀の川市下鞆渕・昭和40年代・提供＝曽和眞一郎氏〉

◀**川原小学校運動会**　東京オリンピック開催の年、空には万国旗がはためく。写真は、女子たちによるダンスで、5つの輪を交差させ、五輪マークを作っている。〈紀の川市野上・昭和39年・提供＝川原小学校〉

▶**飯盛鉱山**　索道の支柱が並び、鉄索で鉱石が下に運ばれていく。索道は国鉄名手駅まで敷設されていた。下を流れるのは紀ノ川である。飯盛鉱山は明治11年に発見され、大正8年に古河鉱業が権利を引き継いで硫化鉄鉱を採掘していたが、昭和45年に閉山した。〈紀の川市西脇・昭和28年・撮影＝橘信秀氏〉

◀**名手中央通り商店街を行く踊りの行列**　名手八幡神社の正遷宮を祝い、祭りが開かれた。国鉄名手駅北側を通る大和街道沿いの商店街でも、店の女性たちを中心に踊りが披露された。〈紀の川市名手市場・昭和50年頃・提供＝上野千鶴子氏〉

▶**国体の炬火を待つ**　昭和46年の和歌山県で開催された黒潮国体。開会式に向けて国体旗と炬火のリレーが県内50市町村をくまなく回った。写真は炬火の到着を待つ荒川中学校の生徒たち。〈紀の川市桃山町善田・昭和46年・提供＝荒川中学校〉

▲**細野小学校の旧校舎**　写真中央、鳥居の奥に見えているのが細野小学校である。周囲にはまだ棚田が広がっていた。同校は平成2年より休校している。〈紀の川市桃山町垣内・昭和55年・提供＝曽和眞一郎氏〉

◀大池遊園の鉄橋を行く南海電車　池の上を走っているのは、南海電鉄貴志川線の1201形電車。この頃は利用者が多く、3両編成で運行していた。大池遊園北側の、当時ミカン畑だった所から南西方向に撮影している。〈紀の川市貴志川町長山・昭和50年代・提供＝花田屋〉

▲大國主神社大飯盛物祭　大國主神社の大飯盛物奉納神事は、貴志の大《お》飯祭《いまつり》とも呼ばれる奇祭である。6,000個もの餅を表面に飾った山車「盛物《もりもの》」を、神前へ供えるために行列を作り曳き歩く。写真は大國主神社の参道を行く盛物行列。〈紀の川市貴志川町国主・昭和56年・提供＝半浴和生氏〉

◀大林スポーツプラザ　懐かしのランドマークのサイクルモノレール。眼下には貴志川町の街並みが広がる。〈紀の川市貴志川町北・昭和55年・提供＝佐野良樹氏〉

▶**大宮祭の子どもたち**　ワッショイワッショイと声を張り上げだんじりを曳く岩出保育所の幼児たち。先生や保護者と一緒に大通りを練り歩きながら、大宮神社に向かっている。〈岩出市宮・昭和52年・提供＝辻優人氏〉

◀**根來寺周辺を俯瞰する**　和泉山脈を背景に南から撮影している。山麓で平成元年に開館する民俗資料館はこの頃にはまだ建設されていない。〈岩出市根来・昭和60年頃・提供＝総本山根來寺〉

▶**和歌山線のお召し列車**　黒潮国体のため天皇皇后両陛下が乗車される特別列車。紀ノ川の堤防から撮影。〈岩出市清水・昭和46年・提供＝辻優人氏〉

◀**新井堰工事**　国鉄岩出鉄橋の手前にあるのが岩出頭首工の橋脚で、紀ノ川右岸から撮影している。岩出頭首工は宮、小倉井、四箇井、六箇井をひとつにした統合井堰で、旧六箇井堰の場所に建設された。ここは紀ノ川と貴志川の合流地点のため水深が深くなっている。左側の山は御茶屋御殿山。写真の右奥にうっすらと国道24号岩出橋が見える。〈岩出市清水～船戸・昭和30年・撮影＝橘信秀氏〉

▶**岩出頭首工**　昭和31年に竣工した岩出頭首工（岩出統合井堰）。紀ノ川を挟んで清水と船戸の間に建設され、岩出市より下流西岸の農業用水の取水を担っている。〈岩出市清水・昭和53年・提供＝辻優人氏〉

◀**嫁入り道具**　当時は大安吉日に嫁入り道具をトラックに積み込み、三方に幕をかけて紅白の帯で縛って運ぶ光景がよく見られた。トラックが嫁ぎ先に着くと、道具を見に集まってきた近所の人びとに嫁方から祝いの菓子が配られた。〈岩出市宮・昭和42年・提供＝辻優人氏〉

▶根来鉄砲隊の演武　火縄銃を撃つ勇壮な演武のようすである。現在もかくばん祭りなどで行われている。〈岩出市根来・昭和63年・提供＝総本山根來寺〉

◀岩出小学校の木造校舎　明治6年創立の岩出小学校と、その数年後に開校した溝川小学校が同18年に合併し、現在の岩出小学校のもととなった。昭和31年には鉄筋二階建て校舎が竣工、同46年にも同じく鉄筋校舎が完成している。〈岩出市清水・昭和54年・提供＝岩出小学校〉

▶根来小学校の人文字空撮　明治9年に開校してから、140年以上の歴史がある。写真の校舎は昭和45年に竣工した鉄筋コンクリート造りである。〈岩出市根来・昭和59年・提供＝根来小学校〉

◀上岩出小学校創立100周年記念の夏祭り
校庭に組まれた櫓《やぐら》と、空にたなびく万国旗が祝賀ムードを醸し出している。当日は、県警音楽隊も駆けつけ、祭りに華を添えた。〈岩出市水栖・昭和60年・提供＝上岩出小学校〉

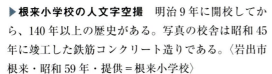

◀**大和街道の妙寺の街並み**
街道沿いには精肉店や化粧品店、菓子店などが並び賑やかな雰囲気である。写真の少し手前に、「法花全部一字一石塔」がある。一字一石塔は、街道を往来する旅人の安全を願ったり、境界を示したり、色々の目的があり、かつらぎ町内に多数建立されている。〈伊都郡かつらぎ町妙寺・昭和43年頃・提供＝かつらぎ町役場〉

▶**笠田駅前商店街**　和歌山線笠田駅から南へ伸びる県道11号にある商店街。写真左手のオートバイ店の奥で交差するのが大和街道である。現在は駅利用者の減少に伴い、空き店舗が目立ってきている。〈伊都郡かつらぎ町笠田東・昭和57年・提供＝かつらぎ町役場〉

◀**かつらぎの秋祭り**　毎年10月に行われ、現在まで続いている。万国旗で飾られた奉祝のアーチが立つのは、かつらぎ北部連絡線（農免道路）。写真手前に進むと笠田地区の氏神である宝来山神社に至る。中央奥の白い建物は笠田高校の校舎である。〈伊都郡かつらぎ町笠田中・昭和47年・提供＝辻優人氏〉

▶妙寺駅を出た蒸気機関車　美しいレンゲ畑のなか、煙を吐いて和歌山市方面へ走るC58形。曳いているのは貨物列車である。背景に紀伊山地の雨引山に連なる山稜が見えている。〈伊都郡かつらぎ町新田・昭和46年・提供＝河島潤氏〉

▼皇太子ご夫妻の和歌山県農業大学校視察　黒潮国体へのご臨席に合わせて来県された折のひとコマで、ナシの収穫をご覧になった。同校はこの年に、農業センターを前身に発足している。〈伊都郡かつらぎ町中飯降・昭和46年・提供＝稲垣明美氏〉

▶串柿　紀ノ川流域では、1月にシベリア寒気団の北西季節風が和泉山脈を越えて吹き降りてくる「葛城おろし」の影響を強く受ける。特にかつらぎ町四郷地区ではこの寒気を利用した串柿の生産が有名である。〈伊都郡かつらぎ町東谷・昭和43年頃・提供＝かつらぎ町役場〉

◀**九度山小学校の木造校舎の前で写生**　秋晴れの下、九度山小学校の中庭でスケッチに取り組む子どもたち。写真の木造校舎は、昭和47年に鉄筋校舎に建て替えられた。〈伊都郡九度山町九度山・昭和44年・提供＝九度山小学校〉

▶**西小田原道路の拡張工事**　現在の千手院橋交差点付近から西を見る。昭和43年6月、蓮花院から高室院までの御殿川にふたをする道路拡張工事が行われた時のようすが写る。〈伊都郡高野町高野山・昭和43年・提供＝高野町教育委員会〉

◀**高野山の炬火**　黒潮国体の開催に先立ち、奥之院から採火された炬火は、和歌山県庁で熊野の神火から採火されたものと合火され、その後県内各地を回る炬火リレーに使用された。〈伊都郡高野町高野山・昭和46年・提供＝紀の川市役所〉

出版にあたって

監修　瀬崎　浩孝
（元橋本市文化財保護審議会委員長・元橋本市郷土資料館館長）

伊都・那賀地方は和歌山県の北東部に位置し、東は奈良県五條市、北は和泉山脈の連山をもって大阪府と接している。気候は温暖で瀬戸内式気候帯に属し、柿、蜜柑、桃などの果樹栽培が盛んである。

この地域は、歴史の道「伊勢（大和）街道」と「高野街道」が交差し、昔から紀ノ川や貴志川の恩恵を受けながら、多くの人びとや物資が盛んに往来する場所として発展してきた。

平成三十年の今年は明治維新から一五〇年、国会では皇位継承や新元号について論議されている。この機に、近現代の「昭和」を追体験し、感動や懐かしさ、また苦労や努力を再発見する意味で、本写真集を編纂した。

「昭和」は、激動の時代であった。歴史上これほど急激に変化した時代はまれである。

昭和初期の金融恐慌勃発。この地域では地場産業の織物業や、葛城山の天然凍豆腐製造業が深刻な打撃を受けた。そんななかで始まった満州事変、日中戦争、そして太平洋戦争。この時代は産めよ増やせよと人口増加に拍車がかかり、しだいに国民を総動員した残酷で悲惨な歩みをたどった。

そして迎えた終戦。生活物資不足の混乱期。その数年後、のちに団塊の世代と呼ばれる多くの子どもが誕生した。

昭和三十年代に入ると、日本経済は飛躍的な成長を遂げ、同三十九年に東京オリンピックが開催された頃には、技術革新による大量生産、大量販売の時代を迎えた。冷蔵庫、洗濯機、テレビなどの普及により生活様式は一変。農業は機械化が進み、小売店からスーパーマーケットなどの大型店舗が目立つようになる。国道二四号をはじめとした道路の整備も進み、自家用車の時代が到来したのもこの頃。また鉄道、河川、上下水道、通信情報施設、学校、病院、公園、公営住宅など、現代都市の基盤が次々と整備された。物が豊かになった一方で、人と人との繋がりは希薄になり、心が寂しくなってきた。文化勲章を受章した世界的な数学者・岡潔氏（橋本市出身）は多くの随筆を著したことでも知られるが、その著書の中で心（情緒）の豊かさについて常に訴えている。

昭和と平成の市町村合併を経て、三市三町となった現在の伊都・那賀地方の人口は約二〇万五、〇〇〇人。昭和の頃と比べるとかなりの人口減である。「少子高齢化」の進むなか、健康福祉の増進、人口増を図ることなどが焦眉の急となる。本写真集に幾枚も収録された活気ある昭和の情景が、これらの課題解決の一助ともなれば幸甚である。

終わりに、写真を提供していただいた皆様、説明文を執筆していただいた関係者の方々のご厚情に深く感謝し、衷心より御礼を申し上げます。

平成三十年六月

目次

2 ページ写真
右：高野口尋常高等小学校の鉄棒鍛錬〈橋本市高野口町名倉・昭和初期・提供＝高野口小学校〉
中：慈尊院の多宝塔〈伊都郡九度山町慈尊院・昭和 50 年代・提供＝かつらぎ町役場〉
左：平和祈念像〈伊都郡かつらぎ町丁ノ町・昭和 39 年・提供＝和歌山県農林大学校〉
3 ページ写真
右：7・18 水害の爪痕〈紀の川市貴志川町国主・昭和 28 年・撮影＝森山進氏〉
中：高野参詣自動車会社〈伊都郡九度山町椎出・昭和初期・『高野大観』より〉
左：丸山古墳〈紀の川市貴志川町上野山・昭和 44 年・提供＝貴志川生涯学習センター〉

地理・交通

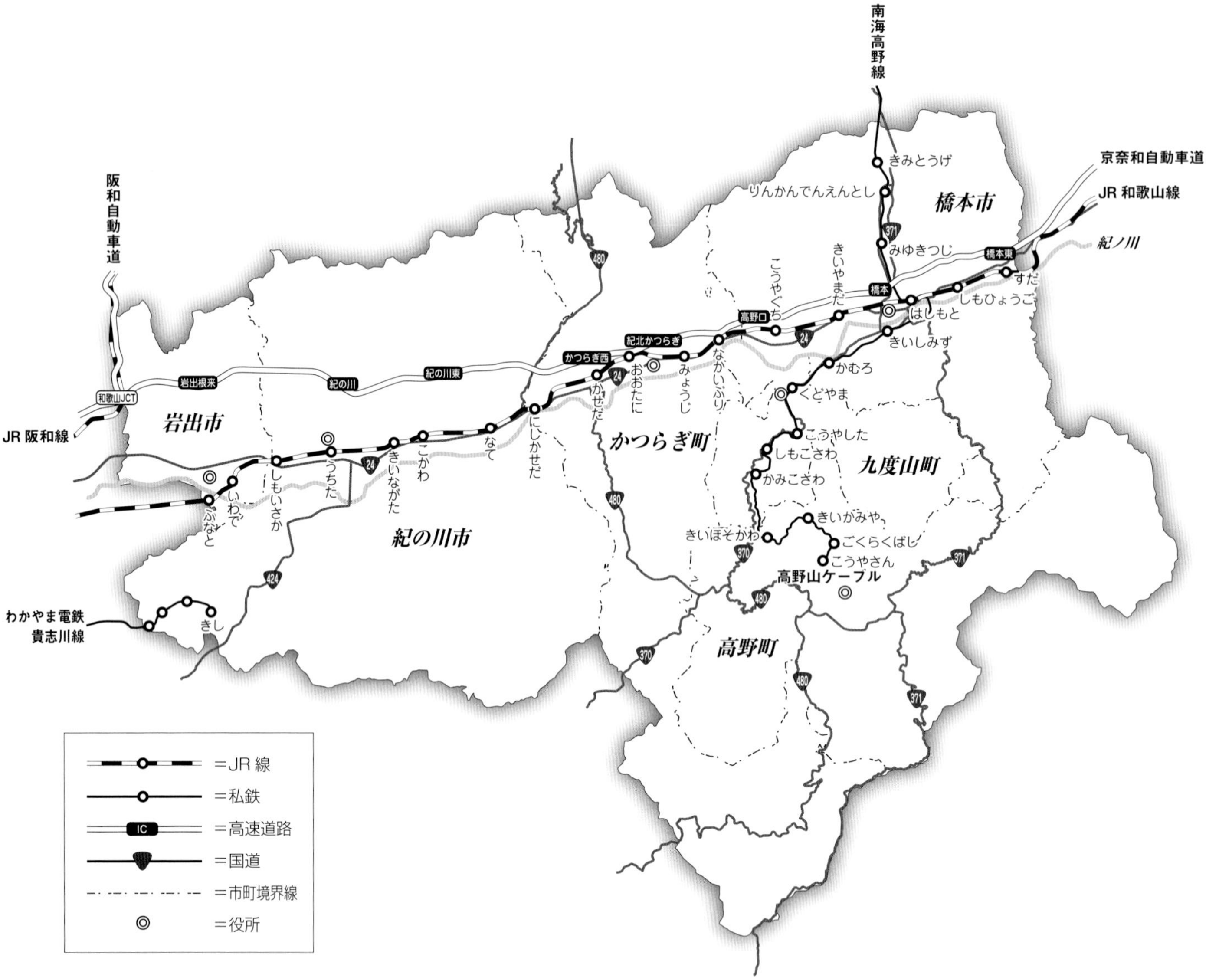

戦後の自治体合併

昭和 31 年 12 月時点の市町村図である。各市町村の合併詳細は 5 ページの年表を参照。

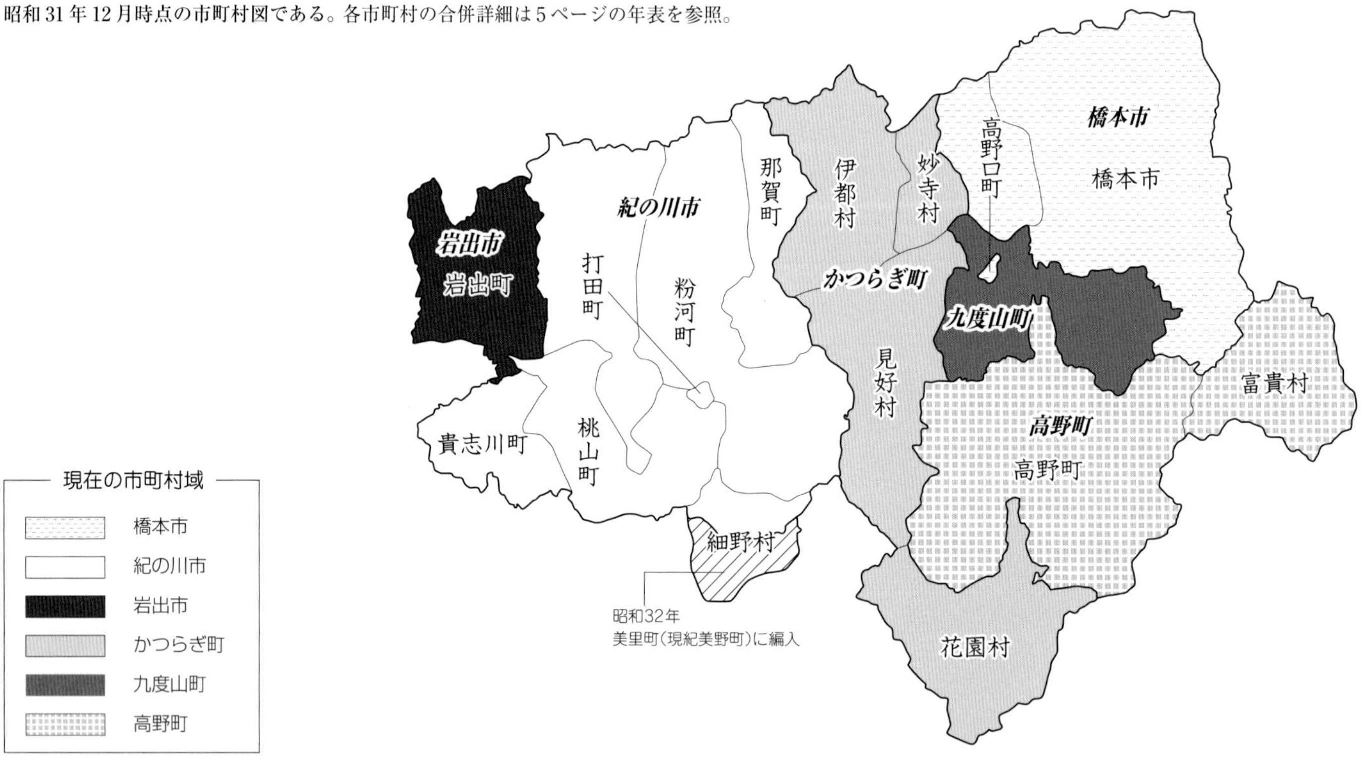

伊都・那賀地方の昭和略年表

※交通網の変遷、学校開設、統廃合等については各章に掲載

年代	関連地域のできごと	周辺地域、全国のできごと
大正15年／昭和元年	高野山金堂、孔雀堂、六角経蔵、納経所、茶所が焼失	大正天皇崩御、昭和と改元
昭和2年（1927）		昭和金融恐慌発生
昭和3年（1928）	高野村が町制施行	普通選挙法による最初の衆議院議員選挙実施（成人男子のみ）
昭和4年（1929）	南海高野線が極楽橋まで開通／世界恐慌により当地域の製糸業に打撃	世界恐慌発生
昭和5年（1930）	高野山ケーブルが開通	
昭和6年（1931）	山東軽便鉄道が貴志延伸工事に着手／高野山にスキー場が開設	満州事変勃発
昭和7年（1932）		五・一五事件
昭和8年（1933）	和歌山鉄道が貴志駅まで延伸	日本が国際連盟を脱退
昭和9年（1934）	高野山で弘法大師千百年御遠忌が行われる	
昭和10年（1935）		
昭和11年（1936）	前畑秀子（橋本町出身）がベルリンオリンピックで金メダル獲得	二・二六事件
昭和12年（1937）		盧溝橋事件発生、日中戦争に突入／防空法施行
昭和13年（1938）	橋本小学校の修学旅行中に列車事故が発生	国家総動員法施行
昭和15年（1940）		全国で紀元二千六百年記念祝賀行事が開催／大政翼賛会発足
昭和16年（1941）		尋常小学校が国民学校と改称／太平洋戦争開戦
昭和17年（1942）	伊都地方事務所新設／那賀地方事務所新設	三大婦人会が統合され大日本婦人会発足／ミッドウェー海戦敗北
昭和18年（1943）		
昭和19年（1944）		学童疎開開始／学徒勤労令、女子挺身勤労令公布
昭和20年（1945）	和歌山市大空襲	全国で空襲激化／太平洋戦争終結／治安維持法廃止
昭和21年（1946）		
昭和22年（1947）		新学制実施／日本国憲法施行／警防団が消防団に改組される
昭和23年（1948）	橋本、伊都、笠田、粉河、那賀、高野山高校が新設される／第1回紀の川祭が開催	
昭和24年（1949）		下山事件、三鷹事件、松川事件発生
昭和25年（1950）		朝鮮戦争勃発、特需による経済復興／警察予備隊設置
昭和26年（1951）		サンフランシスコ平和条約、日米安全保障条約調印
昭和27年（1952）	応其村が端場村を編入／根來寺多宝塔が国宝に指定される	警察予備隊が保安隊に改組
昭和28年（1953）	7・18水害が発生、花園村に深刻な被害／安楽川村が町制施行	NHKテレビ放送が開始／奄美群島が本土復帰
昭和29年（1954）	恋野村と隅田村が合併し改めて隅田村が発足	保安隊が自衛隊に改組
昭和30年（1955）	橋本町、岸上村、山田村、紀見村、隅田村、学文路村が合併し橋本市が発足／中貴志村、西貴志村、東貴志村、丸栖村が合併し貴志川町が発足／笠田町、大谷村、四郷村が合併し伊都町が発足／九度山町と河根村が合併し改めて九度山町が発足／粉河町、長田村、竜門村、川原村が合併し改めて粉河町が発足／高野口町、応其村、信太村が合併し改めて高野口町が発足／粉河町が王子村の一部を編入／上名手村、狩宿村、麻生津村、名手町、王子村の一部が合併して那賀町が発足	神武景気の始まり
昭和31年（1956）	岩出町、山崎村、根来村、上岩出村、小倉村の一部が合併し改めて岩出町が発足／池田村と田中村が合併し打田町が発足／安楽川町、調月村、奥安楽川村が合併し桃山町が発足／古川勝（橋本町出身）がメルボルンオリンピックで金メダルを獲得／粉河町が鞆淵村を編入	経済白書に「もはや戦後ではない」と記載
昭和32年（1957）	山田ダム完成／桃山町が細野村の一部を編入	
昭和33年（1958）	根來臥龍松が天然記念物に指定される／伊都町、妙寺町、見好村が合併しかつらぎ町が発足／高野町が富貴村を編入／金剛生駒国定公園指定	岩戸景気の始まり／東京タワー完成
昭和34年（1959）	橋本駅駅舎改築工事が竣工	皇太子ご成婚
昭和36年（1961）	数学者・岡潔が橋本市初の名誉市民となる	
昭和38年（1963）	慈尊院の木像弥勒仏坐像が国宝に指定される	
昭和39年（1964）	農村モデル図書館として那賀町立図書館が開館	東海道新幹線開業／東京オリンピック開催
昭和42年（1967）	高野龍神国定公園指定	
昭和44年（1969）	ほんまち商店街にアーケードが設置される	
昭和45年（1970）	飯盛鉱山が閉山	大阪で日本万国博覧会開催
昭和46年（1971）	第26回国民体育大会（黒潮国体）開催	
昭和47年（1972）	和歌山線から蒸気機関車が姿を消す	札幌冬季オリンピック開催／沖縄が本土復帰
昭和48年（1973）	橋本市郷土資料館が開館	第一次石油ショック／関門橋開通
昭和51年（1976）	南海橋本林間田園都市の橋本市城山台が造成開始	
昭和52年（1977）	天皇陛下が全国植樹祭で和歌山県訪問	
昭和54年（1979）		第二次石油ショック／東京サミット開催
昭和55年（1980）	高野龍神スカイライン開通	
昭和56年（1981）	大國主神社の大飯盛物祭が再開	
昭和62年（1987）		国鉄民営化／この頃からバブル景気へ突入
昭和64年／平成元年	岩出市民俗資料館が開館	昭和天皇崩御、平成と改元

監修・執筆・編集協力者一覧

（敬称略・五十音順）

■監修

瀬崎《せざき》 浩孝《ひろたか》（元橋本市文化財保護審議会委員長・元橋本市郷土資料館館長）

■執筆・編集協力

池田《いけだ》 和夫《かずお》（高野口文化財研究会会長・元和歌山県文化財保護指導員）
岩鶴《いわつる》 敏治《としはる》（地方史家）
梅田《うめだ》 律子《りつこ》（那賀移民史懇話会代表）
大井《おおい》 一成《かずしげ》（紀の川市文化財保護委員）
尾﨑《おざき》 準一郎《じゅんいちろう》（元九度山町文化財保護審議会委員）
北森《きたもり》 久雄《ひさお》（フォトライター）
木下《きのした》 浩良《ひろよし》（高野山大学総合学術機構課長）
下村《しもむら》 克彦《かつひこ》（前かつらぎ町教育長）
高﨑《たかさき》 正紀《まさき》（元橋本市職員）
三島《みしま》 英雄《ひでお》（元橋本市文化財保護審議会委員）
宮本《みやもと》 佳典《よしのり》（橋本市文化財保護審議会委員）
森本《もりもと》 宏《ひろし》（社会保険労務士・行政書士）

▲高野口小学校５年生の東大寺遠足
〈奈良県奈良市・昭和34年・提供＝清水信弘氏〉

凡例

一、本書は、橋本市・伊都郡（かつらぎ町・九度山町・高野町）・紀の川市・岩出市の、主に昭和時代の写真を、年代順またはテーマごとに分類して収録した。
二、本書に掲載した説明文には、原則として末尾に現在の市町名、写真撮影年代と写真提供者名を表記した。
三、名称や地名は、一般的な呼称や略称を使用し、現在使用されていない名称や地名に適宜「旧」と表記した場合がある。
四、本書の市町村表記は、平成三十年六月現在のものとした。
五、用字用語については、原則として一般的な表記に統一したが、執筆者の見解によるものもある。
六、説明文中の人名など固有名詞は敬称略とした。

1 昭和の幕開き

昭和三年、天皇即位の御大典を祝う行事が各地で開催された。富貴村では神木に国旗を立て、縁起のいい大きな鶴や亀を竹や米藁で作って、天皇の長寿を祈願した。新たな天皇の誕生に沸く一方、同四年の世界大恐慌の煽りを受け、農村では生糸、綿織物の輸出停滞や米価の下落、都市部では工場倒産や労働者の解雇が相次いだ。このような状況下で日本は満州事変、日中戦争へ突入。人びとのくらしは豊かではなかったが、一億同胞、勤労奉仕の精神を持ち、互いに助け合って生活向上に努めた。

質素倹約の中で人びとを鼓舞したのが、昭和十一年にベルリンで開催された夏季オリンピックである。前畑秀子氏、小島一枝氏、守岡初子氏らの活躍は、国民に勇気と希望を与えた。前畑氏は女性初の金メダリストとなり、国中が歓喜、出身地の橋本では盛大な祝賀会が行われた。

昭和六年、山東軽便鉄道が和歌山鉄道（現和歌山電鐵貴志川線）に改称され、同八年貴志駅まで延伸。国鉄和歌山線や南海高野線で和歌山や大阪へ通勤する人も増えてきた。紀ノ川では帆掛け船が上下し、横渡し船が人や物資を運ぶ光景が見られ、吉野町下市辺りからは筏が頻繁に和歌山へ下った。竹房橋や貴志川の諸井橋が完成すると、渡し船に代わってトラックが橋の上を往来するようになった。

また、いつの時代も子どもは国の宝であった。神社の稚児行列、雛祭り、端午の節句などの晴れ姿だけでなく、野山や河川を思い切り駆け回る普段の姿も写真には残されている。山では山菜を採り、川では水遊び、時には筏や砂利採集の機械船に乗り込んで叱られた日々が思い出される。

伝統を大事に守って行ってきた冠婚葬祭では、銃後の守りを支えた婦人会、青年団が活躍し、地縁血縁で結ばれた温かい近隣社会が見て取れる。

昭和十三年の国家総動員法の制定に次いで、同十五年に大政翼賛会が結成されると、翌年から米の配給制が全国で開始され、国民生活を政府が統制するようになる。そして昭和十六年十二月、太平洋戦争勃発。生活物資は不足し、くらしはますます苦しくなっていった。

（瀬崎　浩孝）
（池田　和夫）

▲橋本駅前　橋本駅は明治 31 年に紀和鉄道により開業。周辺は橋本町の玄関口として開発が進み、駅前通りには旅館や食堂が建ち並んでいる。街行く男性はカンカン帽を被り、昭和モダンを感じさせる。〈橋本市古佐田・昭和初期・提供＝橋本中学校昭和 26 年度卒業生「二・六会」〉

▲橋本駅前の夜景　橋本駅は、浄泉寺の広い境内に建てられた。大阪行きは隅田駅回りで奈良県高田駅で乗り換え、所要時間は約４時間、高田駅までの乗車賃は３等車で32銭であった。橋本駅発上り列車時刻は午前６時が始発で、２時間おきに発車し、１日８本の運転であった。大正４年、高野登山鉄道が大阪から橋本駅まで開通すると、駅前の商店街はさらに賑わうようになった。夜は列車待ち合わせ客の飲食街、歓楽街として、遅くまで煌々と灯りに照らされた。〈橋本市古佐田・昭和30年代・提供＝橋本市郷土資料館〉

▼奉祝記念の催し　皇太子の誕生を祝ったものだろうか。さまざまに趣向を凝らした仮装を披露した。橋本駅前にて撮られた一枚。〈橋本市古佐田・昭和８年・提供＝中田俊子氏〉

▲料亭「松乃音」 当時橋本の町で最も賑やかな場所にあり、付近には明治座などがあった。料亭のほか、仕出しも行っていたという。左端には店で使われていたすし桶が立てかけられている。〈橋本市古佐田・昭和初期・提供＝阪口繁昭氏〉

▶橋本橋付近 写真中央の建物が橋本町役場、その右が伊都地方事務所である。〈橋本市橋本・昭和10～20年代・提供＝阪口繁昭氏〉

▲橋本町長就任記念　第10代橋本町長に就任した平野熊太郎を囲んで役場の前で撮影。最前列の左から6人目が平野町長である。〈橋本市橋本・昭和6年頃・提供＝阪口繁昭氏〉

◀天満神社で執り行われた結婚式　橋本市の天満神社は伊都地方で最大の天満神社で、菅原道真を祭神としている。当時の結婚式は、自宅あるいは地域の氏神を祀る神社で挙げた。天満神社でも、多くの氏子たちの式を執り行った。〈橋本市南馬場・昭和初期・提供＝天満神社〉

▲忠魂碑建立の記念写真　天満神社の氏子地域７字の、日露戦争以降の戦死者を祀る碑が完成した。忠魂碑は戦争で亡くなった人びとの御霊を慰め、祈念するために建立された。近年、天満神社のご祈祷を受けた学文路駅の入場券が受験合格の護符として南海電鉄から発売されている。〈橋本市南馬場・昭和６年・提供＝天満神社〉

▶天満神社の祭りで催された女相撲　まわしを凛々しく着けて、写真に収まる女力士たち。女相撲は昭和10年頃まで続けられていたという。〈橋本市南馬場・大正～昭和初期・提供＝天満神社〉

▶ドラム缶のお風呂　南京へ出兵していた兵士たちが写る。戦友とともに一日の疲れを洗い流す。終戦後に、この中のひとりが大事に持ち帰ってきた一枚である。〈中国南京市・昭和19年・提供＝丹羽敦子氏〉

◀工事中の小原田　リヤカーやトロッコで岩石を運んでいる。奥には南海高野線の車両が写っている。〈橋本市小原田・昭和初期・提供＝橋本中学校昭和26年度卒業生「二・六会」〉

▶御殿浦　当時の絵葉書。左に写る欄干のない橋は橋本橋。この辺りは「橋本御殿」と呼ばれた紀州藩の代官所が建っていたため、その名にちなみ御殿浦と呼ばれた。〈橋本市橋本・大正7年〜昭和8年・提供＝成瀬匡章氏〉

▼紀ノ川でアユ狩り　当時の絵葉書で、左上に「和歌山県橋本町橋本名物紀の川鮎狩」とある。場所は橋本橋上流付近であろう。橋本橋付近の河原にはボートやアユ狩り用の舟が並び、観光客で賑わった。夏のシーズンには大阪からアユ狩り列車が走った。アユ狩りの仕方は、川の上手に網を張り、下手の水面を竹竿で叩いたり石を投げて、アユを網の中へ追い込む。〈橋本市古佐田・昭和初期・提供＝橋本市郷土資料館〉

▶飛行機のデモンストレーション　太平洋戦争が始まると、日本政府は戦意高揚のため国民に飛行機の雄姿や威力を示そうと、各地で宣伝実演を行った。写真は紀ノ川河原での実演で、主翼が上下に2枚ある複葉機が離陸し、上空へ舞い上がろうとする瞬間である。各地から弁当持参で駆けつけた多くの人びとが歓声を上げている。舟賃は高かったが、川舟からの見学者も多かったようだ。〈橋本市内・昭和初期・提供＝橋本市郷土資料館〉

▶前田米蔵を囲んで　前田米蔵の法制局長官就任祝賀会のひとコマ。写真中央に立つのが前田米蔵で、その左隣はボディーガードである。左から３人目、座っているのが写真提供者の曽祖父で、写真の裏書きには彼を讃えた「郷土の首領」という英語が前田氏の筆で書かれていた。〈橋本市高野口町名倉・昭和２年・提供＝北風雅章氏〉

◀地蔵寺のお稚児さん　弘法大師千百年御遠忌の記念として行われた稚児行列の記念撮影。当時は子どもの数も多く、行列はさぞ壮観だったであろう。〈橋本市高野口町名倉・昭和９年・提供＝花岡孝治氏〉

▶田中村役場と産業組合　左が役場庁舎、右が産業組合。祝日に撮影されたものだろうか、両建物の入口には日の丸が掲げられている。〈紀の川市打田・昭和13年・提供＝紀の川市役所〉

◀**打田駅に到着した蒸気機関車**　昭和初期に活躍した8620形蒸気機関車。〈紀の川市打田・昭和12年・提供＝田端康久氏〉

▶**夕刻の打田駅**　写真の横に「打田駅から西方を見る。夕日が沈む光景」と記されていた。現在は、線路両側に住宅が密集しているが、当時は農地が広がっていた。写真左奥、駅の南西に船戸山が見える。〈紀の川市西大井・昭和14年頃・提供＝梅田律子氏〉

◀**自転車と乗合自動車**　この女の子はサドルに腰掛けて乗っているが、当時子ども用自転車は普及していなかった。子どもが大人用に乗るときにはいわゆる「三角乗り」をするのが一般的だった。和歌山で乗合自動車（バス）の運行が始まったのは大正期で、昭和初期にその数を増やした。〈紀の川市打田・昭和13年・提供＝田端康久氏〉

◀タバタ薬局　創業昭和５年のタバタ薬局は「町の薬屋さん」として人びとに親しまれていた。店舗兼自宅の前に立つ白衣の男性は創業者の田端茂久氏。〈紀の川市打田・昭和８年・提供＝田端康久氏〉

▶竹房橋の渡り初め　紀ノ川流域には各所に渡し場があり、この場所にも竹房の渡しが栄えていた。しかし、大正４年に渡船が転覆し、安楽川方面から粉河高等女学校へ通う女学生８人と小学生１人が命を落とした。これを機に、地元選出の県会議員も尽力して昭和４年に竹房橋が架橋された。開通式には２万人余りが訪れた。〈紀の川市竹房・昭和４年・提供＝紀の川市役所〉

◀紀ノ川の河原で放水競技 現在の竹房橋辺りの河原で行われた、放水による玉割り競技。〈紀の川市竹房・昭和7年・提供＝紀の川市役所〉

▶倉谷温泉 国鉄打田駅から北へ約4キロ、和泉山脈の麓の倉谷八の平にあった鉱泉。明治41年に浴室が、その後客室ができた。野趣に富んだ景観に囲まれ、ワラビ採り、マツタケ採り、花見、雪見、酒宴の場として多くの客で賑わった。〈紀の川市西山田・昭和10年代中頃・提供＝梅田律子氏〉

◀索道の支柱 索道は高野からミカンや柿などを下ろすのに使われていた。〈紀の川市打田・昭和12年・提供＝田端康久氏〉

▲大楠公像除幕式　田中尋常高等小学校に寄贈された楠木正成の銅像。寄贈式には教師、児童だけではなく地域全体から多数の列席者があった。〈紀の川市打田・昭和15年・提供＝紀の川市役所〉

▶キング賞を受賞した女性　大正14年に創刊された講談社の雑誌『キング』。昭和6年にその編集部が教育勅語発布40周年記念事業としてキング賞を設け、全国の徳行者を表彰した。〈紀の川市内・昭和12年・提供＝紀の川市役所〉

◀打田駅前でトンボを捕る少年　後ろにはレンガ倉庫と呼ばれていた建物が写る。大きな下駄を履いてそーっと、そーっと近づく。うまく捕まえられただろうか。〈紀の川市打田・昭和11年・提供＝田端康久氏〉

▼真言宗の葬儀　中央の棺は座棺である。僧侶は6人いる。被葬者は、49歳の女性で、夫は当時の池田村村会議員であった。棺の左横で位牌を持っているのが息子である。〈紀の川市北大井・昭和13年・提供＝梅田律子氏〉

▲秋葉山の眺望　当時の絵葉書。かつて「猿岡城址」があった秋葉山から南西を望む。眼下には所狭しと粉河寺門前町の家並みが続いている。写真上部には紀ノ川、さらに上部には竜門山が見えている。〈紀の川市粉河・昭和初期・提供＝成瀬匡章氏〉

▼粉河本通りの街並み　国鉄粉河駅から粉河寺大門までの門前通り（粉河本通り）の両側には多くの店舗、家屋が軒を連ね、賑わっていた。〈紀の川市粉河・昭和10年頃・提供＝梅田律子氏〉

▼麻生津《おうづ》村全景　紀ノ川南岸を村域としていた麻生津村には、古くは渡し場があったが、雨が降り続き川が荒れると舟は運行できなくなった。そのため麻生津には、舟を待つための多くの宿場や茶屋ができ、賑わった。昭和30年には上名手村、狩宿村、名手町、王子村の一部と合併し那賀町となった。〈紀の川市北涌・大正7年～昭和8年・提供＝成瀬匡章氏〉

▶紀ノ川堤防を歩く　家族揃ってのお出かけであろうか。左奥に竹房橋が見える。安楽川村（現紀の川市）では江戸時代からモモの栽培が始まり、明治以降「あら川の桃」として全国に知られるようになった。背後に見えるのは龍門山。〈紀の川市桃山町段新田・昭和13年・提供＝田端康久氏〉

▼大國主神社の絵葉書　大國主神社は貴志川左岸にある陽向山に鎮座し、大国主命が当地を訪れたことを由緒としている。江戸時代から始まった大飯神事が有名で、戦時中に一時中断したが、昭和56年に復活し現在まで続いている。〈紀の川市貴志川町国主・昭和初期・提供＝吉本隆三氏〉

▼諸井橋の絵葉書①　貴志川に架かり、大國主神社参道と対岸を結んでいる。大雨が降ると、たびたび流失した。諸井橋付近では屋形船が出ており、多くの人が舟遊びを楽しんでいたが、昭和28年の7・18水害で流されてしまったという。その後、町おこしにつなげようと、昭和の終わり頃に屋形船が復活した。〈紀の川市貴志川町国主～貴志川町井ノ口・大正～昭和初期・提供＝ふみや〉

▲諸井橋の絵葉書②　明治30年代に入ると、貴志川流域の交通が整備され、同35年までに現在の丸田橋、諸井橋、星川橋の元になるものが架けられた。諸井橋は7・18水害で甚大な被害を受けたが、昭和33年に現在の橋が竣工した。〈紀の川市貴志川町国主・昭和初期・提供＝半浴和生氏〉

◀山東軽便鉄道の大池架橋工事　伊太祈曽～貴志間延伸工事に伴い行われた。この頃は重機がなかったため、タケノコを運ぶ舟を利用して人力で工事を行っていた。写真では、小さな機関車で橋脚を運んでいる。普段は農業に従事している人が雇われたという。〈紀の川市貴志川町長山・昭和初期・提供＝花田屋〉

▶那賀郡役所　県の行政施設として明治12年に那賀郡全251村を管轄する郡役所が清水村（現岩出市）に置かれたのが始まりである。大正15年に廃止されたが、昭和17年7月に那賀地方事務所として再発足した。〈岩出市高塚・昭和17年頃・提供＝岩出市民俗資料館〉

◀駅伝大会　旧制粉河中学校駅伝大会の岩出駅前中継地点。写真の右側後方が岩出駅、左側には駅前商店街が続く。店舗の裏手にも道路があり、多くの商店や民家で賑わっていた。駅伝は粉河中学校をスタートし、ゴールの和歌山県庁に向かっている。優勝チームは明治神宮外苑競技場で開かれる国体に出場した。〈岩出市高塚・昭和14年・提供＝梅田律子氏〉

▲紀北農業学校の記念写真　紀ノ川に架かる国鉄和歌山線岩出鉄橋の橋脚前に集まった農業科2年生。対岸は船戸の弁天社の杜。農業実習、出征兵士留守宅農作業後の写真で、服装には軍事色が濃く表れており、戦闘帽、胸には名札、足にはゲートル（脚絆）を巻いている。紀北農業学校は現在の那賀高校の前身である。〈岩出市清水・昭和18年頃・提供＝岩鶴敏治氏〉

▶紀北農業学校の実習田で　タマネギの植え付け作業後の集合写真。紀北農業学校は畜舎や果樹園、水田や広い実習林を持ち、生徒のほとんどが農家の長男（後継者）であった。戦時下であったため、実習教官も生徒も国防色の上着にゲートル巻きである。〈岩出市高塚・昭和18年頃・提供＝岩鶴敏治氏〉

▲紀ノ川の河原に着陸した飛行機　大宮神社南の河原にて。中央には吉村飛行士が立ち、その横には飛行士の名前が書かれた花輪が置かれている。紀ノ川周辺で試験飛行が行われたのだろうか。〈岩出市宮・大正 14 年・提供＝岩出小学校〉

▶根來寺の大塔の解体修理　天文 16 年（1547）頃に建てられたとされる根來寺の大塔は、明治 32 年より国宝となっている。その修理関係者と思われる人たちの前には山のように瓦が積み上げられている。〈岩出市根来・昭和 14 年頃・提供＝岩出市民俗資料館〉

▶大宮祭の稚児行列　根來寺の守護神を祀る大宮神社の秋祭り。「齋刺祭《よみさしまつり》」ともいう。「よみさし」とは「忌み事を払う」という意味で、毎年旧暦8月の晦日に行われる。祭礼は稚児行列と深夜のお渡りが中心で、境内には屋台も立ち並び、時にはサーカスや奉納相撲も興行され賑やかであった。稚児は公家風の装束で鼓を打つ。裃を着た高学年の子どもが奏でる横笛に合わせ、巫女が拝殿で踊る。〈岩出市宮・昭和18年頃・提供＝岩鶴敏治氏〉

▲土俵開き　根来尋常高等小学校に作られた土俵を子どもたちが取り囲んでいる。この年、角界では双葉山が新横綱となり、怒涛の連勝を続けていた。強い横綱の姿に誰もが憧れた頃の一枚。〈岩出市根来・昭和13年・提供＝根来小学校〉

▲のどかな農村風景　かつらぎ町北部の丘陵から写した一枚。写真下には和歌山線が左右に伸び、和歌山市方面（写真右）から列車が走ってきている。上には雄大な紀ノ川が写るが、まだ橋は架けられていない。〈伊都郡かつらぎ町・昭和初期・提供＝かつらぎ町役場〉

◀奉祝皇紀2600年　日の丸を手にし、華やかな着物姿の女性たち。笠田を貫く当時の四郷街道にはアーチが立てられ、日の丸や旭日旗が掲げられている。飾りつけられた通りから奉祝の賑やかな雰囲気が伝わってくる。〈伊都郡かつらぎ町笠田中・昭和15年・提供＝辻優人氏〉

▲大谷村の御大典祝い　道路には「奉祝」と書かれた提灯やアーチが飾り付けられ、子どもたちも晴れ着姿で華を添えている。大谷村は昭和30年に四郷村、笠田町と合併し伊都町となった。〈伊都郡かつらぎ町大谷・昭和３年・提供＝かつらぎ町役場〉

▼守岡初子がオリンピックから凱旋　写真中央の女性が、ロサンゼルス、ベルリンと２大会連続でオリンピックに出場した守岡選手。背泳ぎや自由形のリレー選手として活躍した。ベルリンオリンピック後の故郷凱旋では、妙寺駅前で多くの人が歓迎した。守岡選手の隣に立つのは、岡村留太郎妙寺町長。〈伊都郡かつらぎ町新田・昭和11年・提供＝かつらぎ町役場〉

▶ススキのある風景　木の周りに積み上げられた保存用の稲わらを、この地域ではススキと呼ぶ。脱穀した後の稲わらも草履や米俵の材料として大切に保存した。この辺りは現在、下水処理場となっている。〈伊都郡かつらぎ町窪・大正～昭和初期・提供＝かつらぎ町役場〉

◀紀ノ川の帆掛け舟　鉄道輸送が主流となるまでは、紀ノ川の豊富な水量を生かした舟運が栄えていた。帆に風を受けたたくさんの舟が、紀ノ川の上流と下流を行き来している。〈かつらぎ町～紀の川市・大正～昭和初期・提供＝かつらぎ町役場〉

▶九度山小学校の雛飾り　講堂に設置された雛壇には日本人形のほか西洋人形と思われるものも並んでいる。〈伊都郡九度山町九度山・昭和初期・提供＝九度山小学校〉

◀**九度山町青年会**　男性たちが持つ旗には「優勝　九度山町青年会運動部」などとある。手前にはトランペットやトロンボーンを持つ楽器隊の姿もある。〈伊都郡九度山町九度山・昭和２年頃・提供＝九度山小学校〉

▲**高野下駅**　大正 14 年 7 月、南海鉄道により高野山駅の名前で開業。同年 9 月、高野下駅に改称された。高野山の木材搬出のために敷設された高野山森林鉄道の線路を跨いで、駅舎が建てられていた。〈伊都郡九度山町椎出・昭和 10 年・提供＝唯見静子氏〉

▲高野町の御大典祝い　奉祝門の前に並び新しい天皇の即位を祝う人びと。天皇の長寿を願って、長寿の象徴とされる鶴や亀に扮する人の姿もある。〈伊都郡高野町高野山・昭和3年・提供＝高野町教育委員会〉

◀富貴村の御大典祝い　御大典奉祝行事は、高野山一帯の住民で一致協力して行った。富貴村は昭和33年に高野町に編入されている。〈伊都郡高野町高野山・昭和3年・提供＝宮口進氏〉

◀御大典奉祝　昭和天皇の皇位継承を祝し、全国各地で行われた御大典奉祝行事。高野山の蓮花谷には御大典アーチが立てられた。提灯行列や奉祝相撲のほか、各町内の舞台では余興が催された。アーチの前には仮装をした人びとが集まっている。〈伊都郡高野町高野山・昭和３年・提供＝福形崇男氏〉

▶高野町の誕生　昭和３年、高野村が町制を施行したときに町役場前で撮られた一枚。高野町の中心地を通る県道53号を小田原通りと呼ぶが、当時の役場はこの通り沿いにあった。同７年に現在のヒラノ薬局付近へ移転、さらに37年、現在地へ移転している。〈伊都郡高野町高野山・昭和３年・提供＝高野町教育委員会〉

◀第５回関西庭球大会　現在高野町役場となっているテニスコートで開催された。テニス大会だけでなく、大正時代には、高野山で自転車レースが行われていた記録もある。〈伊都郡高野町高野山・昭和３年・提供＝高野町教育委員会〉

◀人力車の群れ　苅萱《かるかや》堂の前のようす。高野山の人力車は昭和5年頃から営業しはじめ、同9年の弘法大師千百年御遠忌の頃に最盛期を迎えた。〈伊都郡高野町高野山・昭和5年頃・提供＝高野町教育委員会〉

▶富貴屋新聞店が西小田原に新築移転　富貴屋は現在の高野山大学付近に開業し、着物の京染めの取り次ぎ、新聞や駄菓子の販売などを行っていた。その後、家電、たばこの販売や新聞配達も手がけるようになる。写真は昭和4年に小田原通り沿いに移転したときのもの。〈伊都郡高野町高野山・昭和4年・提供＝高野町教育委員会〉

◀バスの車窓から　昭和8年、高野山自動車が設立され、南海鋼索線（高野山ケーブル）の高野山駅から女人堂までを結ぶバス路線の運行が始まった。当時の運賃は片道15銭、往復で25銭であった。〈伊都郡高野町高野山・昭和初期・提供＝櫻井功康氏〉

▶ NHK 大阪放送局の放送車

昭和12年に行われた壇上《だんじょう》伽藍《がらん》根本大塔《こんぽんだいとう》の落慶大法会の期間中に乗り入れたトラック放送車と思われる。車体にはNHK大阪放送局のコールサインである「JOBK」の文字が書かれている。〈伊都郡高野町高野山・昭和12年・提供＝高野町教育委員会〉

▲高野山スキー場　昭和6年に中の橋の北方に開設されたスキー場。スキークラブが作られるなど人気の行楽地となった。同15年から軍事教練場や食糧増産用の開墾地として利用され、一時その歴史が途絶えたが、50年に復活した。〈伊都郡高野町高野山・昭和7年・提供＝高野町教育委員会〉

◀高野豆腐製造所　現在の高野山小学校付近にあり、「山利《やまり》」という屋号で、高野豆腐（凍り豆腐）を作っていた。地元の人に加え、兵庫県の但馬から15人ほど職人が来ていたという。高野豆腐は高野山の寒さを利用して江戸時代から作られている。〈伊都郡高野町高野山・昭和15年頃・提供＝福形崇男氏〉

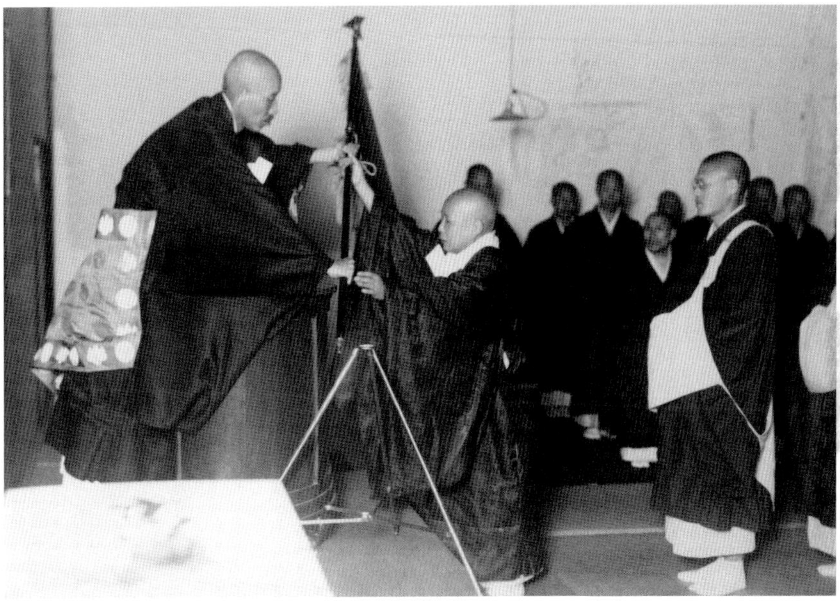

▶高野山大学旗奉戴式《ほうたいしき》　高野山大学は、明治19年に古義大学林の名で開校した。瀬川大憲座主代理から学校旗を受け取る高岡隆心。高岡氏は大正8年に大学令が施行された後の高野山大学の初代学長である。〈伊都郡高野町高野山・昭和4年・提供＝高野山大学〉

◀電話交換手たち　明治42年、高野山郵便局の2階に電話交換局が開設された。電話交換局が設置されてからの電話加入率は県内でも上位に入るほどで、交換手の業務は多忙を極めたという。〈伊都郡高野町高野山・昭和14年・提供＝高野町教育委員会〉

フォトコラム 那賀地方から米国へ～海外移民の先駆け～

那賀地方（岩出市、紀の川市、和歌山市と紀美野町の一部）では明治初期から多くの人が渡米している。背景には、三谷村（現紀の川市）の伊達多仲が明治五年（と言われている）に叔父・陸奥宗光の勧めで渡米し、キリスト教の普及とも関わりながら故郷に影響を与えたこと、那賀地方に七カ所あった私塾が人びとに影響を与えたことなどがあった。

私塾のひとつで、福沢諭吉に学んだ本多和一郎が設立した「共修学舎」は、海外雄飛を唱え、舎内に渡米相談所を設け、米国移民を奨励した。門人であり、和一郎の従弟であった東大井村の堂本誉之進・兼太郎兄弟は、明治十七年に渡米後、果樹園芸業、貿易業などで大成功を収め、故郷の多くの人が後に続いた。

那賀地方の渡米者の多くは、サンフランシスコ、ロサンゼルスを中心に果樹栽培、菊、バラなどの花卉《かき》栽培、牧畜、造園業、美術商、デパートや小売店の経営などを生業とし、渡米後の職は多岐にわたった。

渡米するには多くの費用が必要であった。入国時の見せ金も含めて二百円以上を要した。当時の官吏の給料が一カ月十円程度であるから相当な金額である。そのため、ある程度の財産がないと渡米できなかったが、身内が渡米した後は、その送金によって賄えた。アメリカからの送金額が多いのは、和歌山県の移民の特徴である。

当時アメリカ西部は、フロンティアが消滅し、白人が支配する地域が確立されつつあった。労働力不足で移民を受け入れていたが、日本人が資本や地位、土地を所有することに対する警戒もあって、次第に排日運動が激しくなった。そのため農業をしていた那賀地方の移民の多くは帰国した。帰国後は、アメリカでの資本を基に地元で土地を所有したり、商売をしたりした。

アメリカで生まれ、親とともに日本に帰ってきたアメリカ国籍を持つ子どもたちの中には、成人後に渡米（帰国）した人も多くいた。それは太平洋戦争の前まで続いた。

このような背景もあり、戦後も那賀地方ではアメリカ（主に西部）と交流がある家庭が多かったが、今は日系四世、五世の時代となり、交流の機会も少なくなった。

（梅田 律子）

◀**本多和一郎** 慶應義塾で福沢諭吉に学び、明治13年、郷里に共修学舎を開設し、漢学と英学を重視した教育を行った。また和一郎は、宣教師・ヘール牧師からキリスト教の洗礼を受け、その普及も図った。さらに、若者たちに海外雄飛を唱え、舎内に渡米相談所を設けて米国移民を奨励した。〈明治中期・提供＝西岡忠興氏〉

▶**地域の豪農であった本多家の家屋** 宅地の広さは1,000平方メートルあり、母屋（写真左）の棟札には天保6年(1835) 8月吉日上棟と記されていた。本多和一郎は、長屋（写真右）の一部、8畳と6畳の2室を共修学舎として使用していた。また母屋の一部を那賀教会とし、キリスト教を布教をしていた。現在建物は残っていない。〈紀の川市北大井・昭和30年頃・提供＝梅田律子氏〉

▶**本多和一郎の碑**　本多家北側の阿弥陀寺境内にある。明治33年に共修学舎の門人たちが建立した。門人には、渡米後実業家となった堂本誉之進、兼太郎兄弟、里村達之助、各国の公使、大使などを歴任した本多熊太郎、大庄屋で県会議員の山田万三郎、ハワイで弁護士として活躍した根来源之など多くの名士がいる。写真の子どもは、阿弥陀寺近隣の小学生である。〈紀の川市北大井・昭和10年頃・提供＝梅田律子氏〉

▼**明治時代の海外旅券①（表）**　明治32年3月1日発行の梅田寅之助の海外旅券。梅田寅之助は、明治25年に渡米していた従兄の梅田松之助を頼って渡米した。サンフランシスコで美術商を営んでいたが、大地震ですべてを失い、一時ルーミスで農業に従事、その後再びサンフランシスコで食料雑貨店を経営した。大正10年に妻子を伴って帰国。帰国後は農業の傍ら、村会議員も務めた。〈提供＝梅田律子氏〉

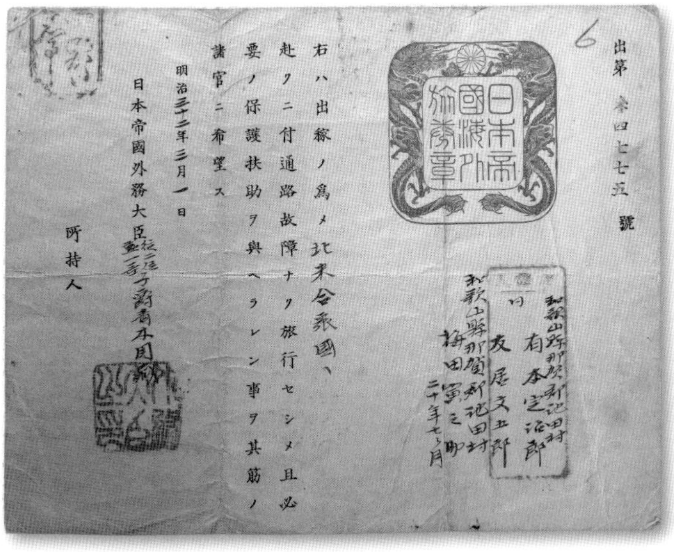

出第四七七五號

右ハ出稼ノ為メ北米合衆國ヘ赴クニ付通路故障ナク旅行セシメ且必要ノ保護扶助ヲ与ヘラレン事ヲ其筋ノ諸官ニ希望ス

明治三十二年三月一日

日本帝國外務大臣

所持人

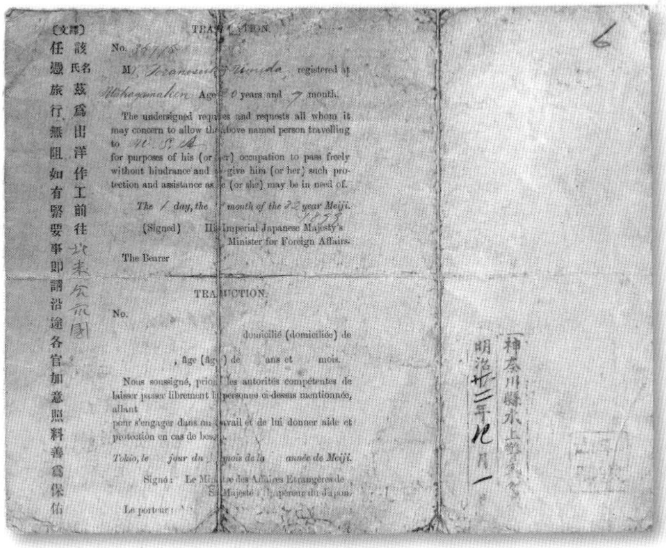

〔文譯〕

該氏名茲為出洋作工前往北米合衆国

任憑旅行無阻如有緊要事即請沿途各官加意照料善為保佑

TRANSLATION.

No.

M　　　　registered at

Age　years and 7 month.

The undersigned requires and requests all whom it may concern to allow the above named person travelling to U.S.A. for purposes of his (or her) occupation to pass freely without hindrance and to give him (or her) such protection and assistance as he (or she) may be in need of.

The 1 day, the month of the 32 year Meiji.

(Signed)　His Imperial Japanese Majesty's Minister for Foreign Affairs.

The Bearer

TRADUCTION.

No.

domicilié (domiciliée) de

, âge (âgée) de　ans et　mois.

Nous soussigné, prions les autorités compétentes de laisser passer librement la personne ci-dessus mentionnée, allant

pour s'engager dans un travail et de lui donner aide et protection en cas de besoin.

Tokio, le　jour du　mois de la　année de Meiji.

Signé : Le Ministre des Affaires Etrangères de Sa Majesté l'Empereur du Japon.

Le porteur :

▲**明治時代の海外旅券①（裏）**　現存する旅券ではかなり古いものの一枚である。日本人は永住を目的とできなかったため、渡米理由は出稼ぎか学業であったが、渡米後結婚して生まれた子（アメリカ国籍がある）には、成人してアメリカに永住する人もいた。寅之助は、排日運動が激しくなった頃帰国している。〈提供＝梅田律子氏〉

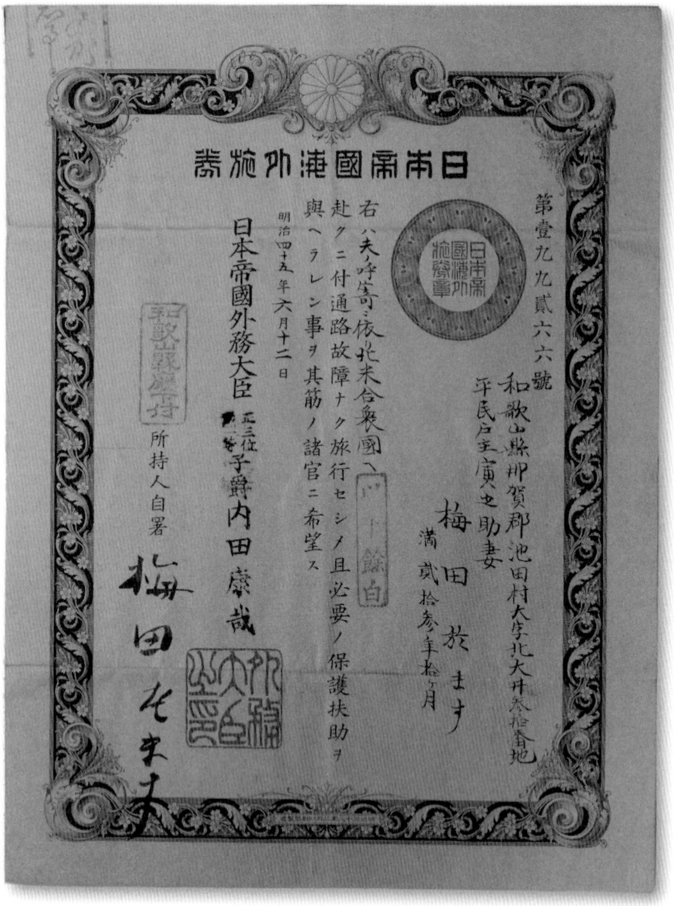

日本帝國海外旅券

第壹九九貳六六號

和歌山縣那賀郡池田村大字北大井参拾番地
平民戸主寅之助妻
梅田於ます
満貳拾参年拾ヶ月

右ハ夫ノ呼寄ニ依リ北米合衆國ヘ赴クニ付通路故障ナク旅行セシメ且必要ノ保護扶助ヲ與ヘラレン事ヲ其筋ノ諸官ニ希望ス

明治四十五年六月十二日
日本帝國外務大臣
子爵内田康哉

和歌山縣廳下付

所持人自署
梅田をます

◀**明治時代の海外旅券②（表）**　明治45年6月12日発行の梅田於ますの海外旅券。寅之助との結婚のために渡米するが、パスポートではすでに「妻」と記され、「夫の呼び寄せ」と書かれている。これは本籍が日本にあり、結婚は戸主の取り決めと届け出で行われたためである。戸主である兄が、日本で寅之助の妻を決め、婚姻届の後、渡米させた。アメリカから多くの送金があり、於ますは一等客船で渡米している。〈提供＝梅田律子氏〉

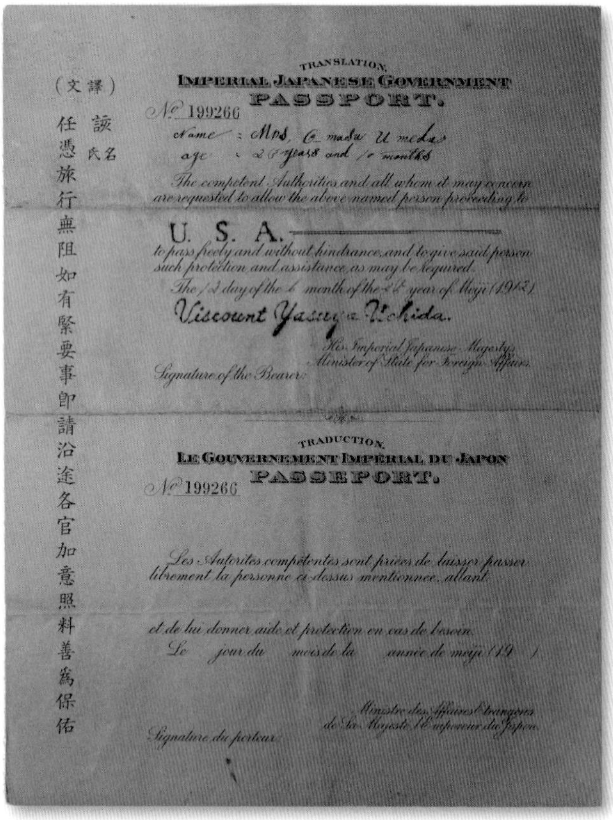

（文譯）

諭
氏名

任憑旅行無阻如有緊要事即請沿途各官加意照料善爲保佑

TRANSLATION.
IMPERIAL JAPANESE GOVERNMENT
PASSPORT.

No. 199266

Name : Mrs. O-masu Umeda
age : 23 years and 10 months

The competent Authorities and all whom it may concern are requested to allow the above named person proceeding to

U. S. A.

to pass freely and without hindrance, and to give said person such protection and assistance as may be required.

The 12 day of the 6 month of the 45 year of Meiji (1912)

Viscount Yasuya Uchida.

His Imperial Japanese Majesty's Minister of State for Foreign Affairs.

Signature of the Bearer:

TRADUCTION.
LE GOUVERNEMENT IMPÉRIAL DU JAPON
PASSEPORT.

No. 199266

Les Autorites compétentes sont priées de laisser passer librement la personne ci-dessus mentionnée, allant

et de lui donner aide et protection en cas de besoin.

Le jour du mois de la année de meiji (19)

Ministre des Affaires Étrangères de Sa Majesté l'Empereur du Japon.

Signature du porteur

▶**明治時代の海外旅券②（裏）**　旅券は、明治32年のものより大判になっている。明治32年には1枚の表裏に日本語と英語が書かれているが、明治45年になると見開きで4ページになっている。内容は、いずれも滞在国での安全と保護を求めるものである。〈提供＝梅田律子氏〉

◀**アメリカ生まれの新郎新婦**　当時の結婚式は親戚知人が集まり自宅で行った。写真の新郎新婦は、アメリカで生まれ、それぞれ日本で中学校、女学校を卒業後結婚し、渡米した。アメリカ国籍を持つため、現地の土地が購入できた夫婦は、カリフォルニアで農地を取得し、農場を経営していた。戦争中は収容所に入れられたが、戦後再びカリフォルニアで農場経営を行った。〈紀の川市嶋・昭和9年・提供＝梅田律子氏〉

フォトコラム

前畑がんばれ！前畑がんばれ！

国道三七一号バイパスを市脇交差点に向け下って行くと、〈ガンバレ！〉のまち橋本市　日本女性初のオリンピック金メダリスト前畑秀子〉と書かれ、前畑の水着姿の絵をあしらった一際目立つ看板が立っている。大阪方面から走ってくるドライバーなら必ず目に留まる看板だ。

その前畑秀子（結婚後は兵藤秀子）は、大正三年五月二十日、橋本町古佐田（現橋本市橋本）の豆腐屋を営む家で生まれる。

前畑は、幼少期からふるさとを流れる紀ノ川で水泳に励み、一一歳、橋本尋常高等小学校五年生のとき、関西水泳連盟が主催する学童女子水泳大会の五〇メートル平泳ぎで日本学童記録を更新し、頭角を現した。当時、同校校長だった西中武吉の、児童の健全な精神と体力を育むには紀ノ川の水泳が一番という指導方針があったからだといわれている。

前畑は、小学校高等科三年の途中から、名古屋の椙山第二高等女学校（現椙山女学園）に編入、さらに水泳に打ち込み、昭和七年のロサンゼルスオリンピック女子二〇〇メートル平泳ぎでは、わずか〇・一秒差で銀メダルを獲得した。

そして二二歳。別名ナチスオリンピックともいわれた昭和十一年のベルリンオリンピック女子二〇〇メートル平泳ぎに連続出場。宿敵ドイツのゲネンゲルと接戦の末、優勝した。深夜、ゲネンゲルとのトップ争いを実況したのは、NHKの河西三省アナウンサー。「前畑あと一〇メーターで一五〇、あと一〇メーターで一五〇、わずかひとかきリード、わずかひとかきリード、前畑がんばれ、前畑がんばれ……」。後世に残る名実況に日本中の聴取者が耳を傾けていた。

前畑は引退後、水泳教室などで後進の指導に当たり、文化功労者に選ばれるほか、数々の賞を受賞、橋本市の名誉市民にもなっている。平成七年、八〇歳で逝去した。

生前、前畑が公民館主催の講演会などで「私は天才じゃない。何事でもやり抜いてみせる精神力。そのスタートラインが紀ノ川の天然プール」とよく語っていたのが筆者には印象的だった。

出身地の橋本市では今、二〇二〇年の東京オリンピック開催と前畑秀子生誕百年を契機として「NHK朝の連続テレビ小説（朝ドラ）」の誘致活動が始まった。放映実現を目指し、前畑秀子朝ドラ誘致実行委員会を中心とした幅広い市民運動が展開されている。

（北森　久雄）

▲前畑がんばれ　ベルリンオリンピック 200 メートル平泳ぎでドイツのゲネンゲル選手とのデッドヒートを繰り広げる。「前畑がんばれ、前畑がんばれ、勝った！勝った！前畑勝った！」そのようすを伝えたNHK アナウンサーの実況は、深夜の日本を熱狂させた。〈昭和 11 年・提供＝椙山女学園椙山歴史文化館〉

◀**橋本尋常高等学校水泳部時代**　前畑秀子は、大正10年に橋本尋常高等小学校尋常科に入学、紀ノ川の天然プールで水泳の腕を磨いた。高等科1年生のときには当時の100メートル平泳ぎの日本新記録を樹立した。前列左端が本人。〈橋本市東家・昭和2年頃・提供＝椙山女学園椙山歴史文化館〉

▲**「前畑秀子の母」顕彰碑の前で**　前畑は昭和6年1月に母、同年6月には父を病気により相次いで亡くしている。その悲しみの中で迎えたロサンゼルスオリンピックで銀メダルを獲得。写真はその出発前に撮影されたもの。石碑には昭和七年九月二十日と刻まれているが、実際にはその前に所属していた椙山女子専門学校により建立されたのだという。前畑の優勝を確信して、石碑にはすでに「国際オリンピック優勝記念」の文字もある。〈橋本市古佐田・昭和7年・提供＝橋本市まちの歴史資料保存会〉

◀**前畑秀子（右）と小島一枝（左）**　昭和7年のロサンゼルスオリンピック女子水泳代表として活躍した2人。ともに橋本町出身で、紀ノ川で泳ぎを覚え、名古屋の椙山第二高等女学校（現椙山女学園）に進んで水泳選手となった。日本選手団のユニフォームを着て高野山を訪れた際に記念撮影した。〈伊都郡高野町高野山・昭和7年・提供＝福形崇男氏〉

▲見事優勝　昭和７年のロサンゼルスオリンピック女子200メートル平泳ぎ、前畑は0.1秒差でオーストラリアのクレア・デニス選手に敗れた。その４年後、ドイツのマルタ・ゲネンゲル選手に１秒差をつけて優勝。見事に雪辱を果たし、笑顔で声援に応える。〈昭和11年・提供＝椙山女学園椙山歴史文化館〉

▼金メダル獲得に沸く町民　橋本駅前で、前畑秀子の金メダル獲得をたたえ、万歳三唱する多くの町民。前畑は、「決勝直前、神のお守りを飲み込む。優勝できなかったら、帰りの船から飛び込んで死ぬかもしれない。しかし自分は泳げる。どうやって死ぬか」という名言を残し、表彰台に立った時には「金メダルをいただいて、〈君が代〉が一節一節、自分の脳に叩きつけているようで、表彰台の上で泣いてしまったんです」と答えた。国威発揚期にあり、全国民が歓喜に沸いた。前畑が使った氷式の冷蔵庫や多くの生活用品が、橋本市郷土資料館に展示されている。〈橋本市古佐田・昭和11年・提供＝橋本市郷土資料館〉

▶前畑秀子の自宅　自宅は白豆腐販売店であり、大阪毎日新聞などの取扱店でもあった。家族、親族が店前に並ぶ。「前畑さんはオリンピック記録を破り第一着、オリンピック女子水泳二百米平泳準決勝ニテ前畑さんは第一着、タイムは三分十秒七」という見出しが看板の横に書かれている。〈橋本市橋本・昭和11年・提供＝橋本市郷土資料館〉

◀橋本へ凱旋　ベルリンオリンピックの翌月、橋本尋常高等小学校講堂で前畑秀子と小島一枝の激励会が開かれた。小島選手は前畑選手と同じくロサンゼルス、ベルリン両オリンピックの競泳の代表選手に選ばれ、ベルリンでは400メートル自由形で6位入賞を果たした。〈橋本市古佐田・昭和11年・提供＝椙山女学園椙山歴史文化館〉

▶前畑、小島両選手を待つ人びと
ベルリンオリンピック後の激励会に出席するために前畑秀子と小島一枝が橋本町へ凱旋した。その玄関口である橋本駅では2人を歓迎しようと多くの人が集まっている。〈橋本市古佐田・昭和11年・提供＝椙山女学園椙山歴史文化館〉

◀前畑秀子結婚記念　昭和12年3月、名古屋医科大学（現名古屋大学医学部）助教授・兵頭正彦と結婚。夫は結婚後5カ月で召集令状が届いたが、戦後、無事に岐阜市で開業医となった。秀子は主婦、母としてだけでなく、看護見習い、医療行為の補助として働いた。昭和35年、46歳から名古屋市の椙山女学園に勤務、その後スイミングクラブの開設、子どもや女性への水泳指導にも貢献した。〈橋本市内・昭和12年・提供＝橋本市郷土資料館〉

2　戦時下の日々

明治時代、日本は封建制度から脱却、近代欧米国家を目標にし、資本主義を目指して突進した。大正時代には藩閥政治を改め、政党政治へと移行した大正デモクラシーの時代であったが、資源をアジアの近隣諸国に求めるという矛盾を抱えてもいた。

昭和に入り、同五年に世界恐慌で世界経済を支える金融が破綻した。これを契機に植民地を持つ資源国は自国中心の保護主義政策をとった。一方ドイツ、イタリアなど資源の少ない国は資源と市場を海外に求め、軍事力を背景に近隣国に侵攻した。日本は韓国併合ののち、中国大陸へも戦線を拡大、国内では軍備が増強され、国際連盟からの脱退、ついには昭和十六年十二月真珠湾を攻撃し、アメリカ、イギリスに宣戦布告した。太平洋戦争の始まりである。

国内では「一億一心」、「米英撃滅」などがスローガンに掲げられ、国民の団結を訴えた。食糧増産が図られ、米、麦、味噌、醤油などの配給制が始まった。

小学校は国民学校と名称を変え、軍事教練が始まった。奉安殿に納められた教育勅語を式典のたびに読み上げられ、筆者は炎天下で講話や戦果を聞いている時に貧血で倒れる友の姿を覚えている。中等学校以上の生徒や女学生は学徒動員で軍需工場へ送られたり、あるいは兵士の留守宅で奉仕を行ったりした。兵員確保のため徴兵年齢は一年繰り下げられ、男子学生は一年早く出征していった。主婦は大日本婦人会で出征兵士の見送り、慰問袋作りをするなど、世相は見る間に戦争一色となった。

戦勝を祝う裏ではミッドウェー海戦で空母四隻を失い、ガダルカナル島からも撤退するなど苦戦が続いたが、その全容は軍部によって隠蔽された。兵器用の資材不足を補うため食器をはじめ、各寺院の梵鐘（粉河特産）までもが各駅に集められ、供出された。都市の学童は田舎に疎開させられ、筆者の隣家に大阪から疎開してきた子どもは、毎日の昼食が炒《い》り麦一杯だけであった。

昭和十九年末から二十年三月にかけて、毎日のようにB29爆撃機が紀ノ川上空を雲を引きながら大都市に向かって飛来。爆弾と焼夷弾を絨毯《じゅうたん》を敷き詰めるように落としていった。沖縄に米軍が上陸した後は全国各都市に空襲が拡大した。七月九日夜、和歌山市にも五〇機のB29が飛来。低空で飛び回る機体の胴部が家屋の燃える火で赤黒く染まり、岩出の防空壕から見た光景は今も目に焼き付いている。人生で最も不幸な時間であった。

（岩鶴　敏治）

▲岩出小学校隣の紀ノ川の河原で　女子児童たちによる軍事教練だろうか。規律のとれた少女たちの額には「大日本軍…」と書かれた鉢巻が巻かれている。〈岩出市清水・昭和 11 年頃・提供＝岩出小学校〉

▲壇上伽藍の御《み》社《やしろ》前に並ぶ兵士　満州事変の兵士の募集に集まった人びとだろうか。丹生明神、高野明神、十二王子百二十伴神を祀る３社の前に建つ鳥居には御札が大量に貼られている。〈伊都郡高野町高野山・昭和６年・提供＝福形崇男氏〉

▼高野口尋常高等小学校での軍事教練　同校に併設された高野口青年訓練所の生徒たちが戦闘帽をかぶり、ゲートルを巻き、機銃を構えて凛々しく写っている。最後列右から２人目の男性は写真提供者の父親で、高野口尋常小学校、伊都郡高野口商工補習学校の教諭を歴任後、この年に同所指導員に委嘱され、軍事教練指導にあたっていた。〈橋本市高野口町名倉・昭和７年・提供＝瀬崎浩孝氏〉

▶上名手小学校で軍事教練
秋季運動会中に行われた。多くの観覧者が本番さながらの訓練を見守っている。〈紀の川市名手西野・昭和9年・提供＝上名手小学校〉

▲紀ノ川河原での野外教練　当時は学校教育に軍事教練が課されていた。河原に腹這いになって小銃を構えているのは旧制伊都中学校5年生、現在の高校2年生頃の生徒たちである。写真右の人は指導している配属将校だろうか。〈橋本市高野口町向島〜高野口町小田・昭和19年・提供＝丹羽敦子氏〉

▲田園での軍事演習　写真の奥には、稲こづみが写り、のどかな景観が広がる。その風景とは対照的に手前では兵士たちが訓練を行っている。〈伊都郡かつらぎ町内・大正～昭和初期・提供＝かつらぎ町役場〉

◀未教育補充兵の訓練　当時、満20歳になると徴兵検査が行われ、合格して徴兵された人が現役兵として兵役に就いた。また、徴兵検査に合格したが、徴兵されなかった人にも定期的な訓練が義務付けられた。〈伊都郡かつらぎ町内・昭和18年頃・提供＝かつらぎ町役場〉

▲高野山南院前休憩所前で軍事教練　学童の軍事教練だろうか、国民服にゲートル巻きの子どもたちが規律よく並んでいる。昭和16年に国民学校令が施行、全国の小学校は国民学校となり、軍国主義の教育が一層強められた。〈伊都郡高野町高野山・昭和16年・提供＝高野町教育委員会〉

▼出征軍人へ送る家族写真　提供者の義理の叔父の出征激励写真。昭和17年に召集令状が届いて、中国南方へ派遣され7年8カ月従軍した。前列の軍人は叔父の兄で、和歌山連隊の軍人教官であった。後列の海軍兵は横須賀や霞ヶ浦に在籍していたという。〈橋本市隅田町垂井・昭和17年・提供＝瀬崎浩孝氏〉

▲紀見峠駅の絵葉書　日中戦争の出征軍人へ送るために撮影された。駅舎には日の丸が掲げられ、割烹着を着た女性たちは紀見村婦人会と書かれた襷《たすき》を掛けている。〈橋本市矢倉脇・昭和10年代・提供＝阪口繁昭氏〉

◀橿原神宮奉献饌米《せんまい》　皇紀2600年にあたるこの年、橿原神宮や神武天皇陵の整備など、各地で行事が行われた。写真は橿原神宮へ奉納する御饌米を前に並ぶ関係者一同を、田中尋常高等小学校で撮影したものと思われる。〈紀の川市打田・昭和15年・提供＝紀の川市役所〉

▲出征の横断幕が掛けられた打田駅前　駅前に「祈皇軍之　武運長久」と書かれた横断幕や日の丸が掲げられている。ここで戦地へ出発する兵士を見送り無事を祈った。出征時は、町をあげて喜んで兵士を送り出さねばならなかった。〈紀の川市打田・昭和13年・提供＝田端康久氏〉

▶出征する級友と　入隊が決まったかつての同級生と、渋田尋常高等小学校校舎の前で、皆で記念に写真を撮った。〈伊都郡かつらぎ町東渋田・昭和13年頃・提供＝名山雅庸氏〉

◀出征兵士を囲んで　高野山大学の北側の通り沿い、現在の吉田家（精肉店）の向かいにあった雑貨店松島。店主の息子が召集され、家族や親戚とともに店の前で記念撮影をした。〈伊都郡高野町高野山・昭和16年・提供＝福形崇男氏〉

▶日中戦争優勢に湧く　武漢三鎮と広東陥落の祝賀提灯行列が行われた。写真はそのあとに小学校で行われた集会で、鳴り物も見られ非常に賑々しいようすである。〈紀の川市打田・昭和13年・提供＝紀の川市役所〉

◀戦没者の悲しき凱旋　名手駅前から続く葬列。この後突出川川岸などを通り、英霊の生家へ向かった。〈紀の川市名手市場・昭和7年・提供＝上名手小学校〉

▲葬儀　出棺を待つ人びとが通りに並んでいる。自宅から墓地へと向かう前に撮られた一枚。〈伊都郡かつらぎ町東渋田・昭和 18 年・提供＝名山雅庸氏〉

▶英霊の無言の帰還　右側の建物は元三谷小学校の旧校舎である。戦没者の名前は確認できないが、右端の看板には村葬式場の文字が見える。銃を肩に乗せて歩く軍人の後ろには僧侶、さらにその後ろに遺影と位牌を抱えた人が続く。〈伊都郡かつらぎ町三谷・昭和 12 年・提供＝かつらぎ町役場〉

◀**出征軍人家族慰安会**　会場として使用されたのは、橋本駅から南へ100メートルほどの明治座。橋本町銃後奉公会、橋本町戦友会が主催となり、人形浄瑠璃などが披露されていたようだ。〈橋本市古佐田・昭和初期・提供＝阪口繁昭氏〉

▶**田中村婦人警備団発会式**　明治34年に設立された愛国婦人会、昭和7年に設立された大日本国防婦人会など、銃後を支える女性たちの組織が各地で作られた。田中村で結成されたこの婦人会でも、前に置かれたバケツで防火訓練などを行ったのだろう。〈紀の川市打田・昭和9年・提供＝紀の川市役所〉

◀**愛国婦人会の襷を掛ける女性たち**　上岩出尋常小学校での集合写真。愛国婦人会は、明治34年に創立、戦没者遺族や廃兵の救護のほか、関東大震災後の救済、女性への職業の紹介などを行った。昭和17年に大日本連合婦人会、大日本国防婦人会と統合し、大日本婦人会となった。〈岩出市水栖・昭和17年・提供＝上岩出小学校〉

▲隅田八幡神社に集まった愛国婦人会の女性たち　戦勝祈願が行われたのだろうか。戦地の家族の無事を祈るのも、銃後の人びとの大事な役目であった。〈橋本市隅田町垂井・昭和19年頃・提供＝丹羽敦子氏〉

▶大日本国防婦人会
昭和7年に「国防は台所から」をスローガンに組織され、会員は1,000万人に達した。出征兵士の見送りや慰問袋作りなどを行い、着物に割烹着、鉢巻、襷がけが標準の会服であった。大日本国防婦人会は同17年に大日本婦人会となった。〈岩出市清水・昭和17年頃・提供＝岩鶴敏治氏〉

▲集団下校　粉河高等女学校の下校風景。少女たちはもんぺ姿で、手には防空頭巾のようなものを握っている。太平洋戦争末期、日本本土への空襲が始まり、登下校中もいつ空襲警報が鳴るかわからない恐怖の日々だった。〈紀の川市粉河・昭和19年・提供＝粉河高等学校〉

▼女子挺身隊の見送り　昭和13年に国家総動員法が施行され、女性の戦争参加が本格的に始まった。同18年には女子挺身隊が組織され、軍需工場などに勤労動員された。国のために身を挺して後方支援を行い、出征兵士を盛大に見送るのも彼女たちの役割であった。〈紀の川市粉河・昭和19年・提供＝粉河高等学校〉

フォトコラム

戦前・戦中の学校と教育

明治四十年の小学校令の改正によって、尋常小学校の課程を二年延ばし、義務教育を六ヶ年とする制度が確立された。現在の六年制小学校の始まりである。明治三十年代後半に就学率が九〇パーセントを超えたことがその転機となった。「尋常小学校」は市町村に設置の義務があり、国民のおよそ半数は尋常小学校卒を最終学歴とした。小学校に併設された「高等小学校（高等科）」は原則二年制であったが、設置も就学も義務ではなかったので授業料が課された。教育の先進地だった九度山町では明治四十二年に高等科を三年制とした。九度山尋常高等小学校と並んで水泳の盛んだった妙寺尋常高等小学校（現かつらぎ町）は、昭和四年に県下で初めて二五メートルプールを設置した。高等科二年の守岡初子は一〇〇メートル背泳ぎで日本新記録を出し、昭和七年の第一〇回オリンピックロサンゼルス大会に出場した。

尋常小学校を卒業すると「中学校」「女学校」に進学する道が開けた。しかし、その数は少なく入学試験があり、学校が地元にない時は、通学に時間がかかった。修業年限は中学校は五年、女学校は四年または五年制で男女別学であった。昭和初期の粉河小学校（現紀の川市）の場合、卒業生およそ一〇〇人のうち、中等学校進学者は平均で男子二〇人、女子一五人。この数は地元に中等学校があったこともあり、かなり多い数である。昭和十年の時点で伊都郡・那賀郡にあった中等学校は、県立の橋本高等女学校、伊都中学校、笠田町立の笠田高等家政女学校、県立の粉河中学校、粉河高等女学校、紀北農業学校、私立の高野山中学校の七校であった。粉河中学校は明治三十四年の創立で、県下で三番目に古い。伊都中学校は昭和十四年に全国中等学校水泳大会で三連覇を達成した。高等女学校は英語、数学、国語、漢文などの時間数は少なく、科目には裁縫や家事が置かれた。男子と同じ年齢段階であるのに「高等」女学校といわれたのは、女学校が女子の最高学歴と考えられていたからである。

昭和十年、「実業（農業）補習学校」と「青年訓練所」が統合され本科五年制の「青年学校」となった。昭和十四年に高等小学校や中学、実業学校に進学しない男子のみ義務教育化された。このように、小学校卒業後の進路が複線型であったのが、戦前の学校制度の特徴だった。

学校では「御真影（天皇、皇后の写真）」「教育勅語」、それらを収める「奉安殿」、「日の丸」「君が代」が特に重んじられた。太平洋戦争に突入した昭和十六年、尋常小学校は「国民学校初等科」、高等小学校は「国民学校高等科」と改称され、皇国主義、軍国主義の学校教育が一段と強められることになった。

（下村　克彦）

▲**上岩出国民学校**　食糧増産のため校庭で育てたジャガイモの収穫を終えたところか。左の看板には「校地を利用して馬鈴薯の山」と書かれている。〈岩出市水栖・昭和 19 年・提供＝上岩出小学校〉

▲橋本尋常高等小学校　オリンピック金メダリストの前畑秀子、古川勝などを輩出した。写真は秋季運動会のようす。この校庭でプロ野球選手による野球教室ものちに開かれた。〈橋本市東家・昭和５年・提供＝橋本小学校〉

▶橋本小学校に残る頌徳碑　昭和13年、安芸の宮島への修学旅行の帰途、国鉄山陽本線熊山駅付近で列車事故が発生し、橋本尋常高等小学校の児童27人と教師３人が犠牲となった。この事故の犠牲者を悼み小学校に頌徳碑が、橋本市の丸山公園と事故現場には慰霊碑が建立された。〈提供＝森本宏氏〉

◀橋本幼稚園の入園式　エプロンを掛けた園児らが居並ぶ。後ろの建物には「一心努力」「我等ハ日本人也」の標語が見える。幼子がこの言葉の意味を知るのは、ずっと後のことであった。写真が撮られた８カ月後に太平洋戦争が始まった。〈橋本市東家・昭和16年・提供＝巽好彦氏〉

▶学文路《かむろ》尋常高等小学校　教師、児童たちが並ぶ運動場は、後方の校舎の敷地よりも一段高くなっており、子どもたちは階段を駆け上がり運動場へ繰り出していたという。写真の木造校舎は現在鉄筋コンクリート造の校舎に改築されている。〈橋本市学文路・昭和初期・提供＝菅野照男氏〉

◀紀見尋常高等小学校　地元出身の出征兵士を慰めるために撮られたもの。校門前だけでなく、背後の校舎からも顔を出し、戦地へ向かう兵士を激励している。〈橋本市橋谷・昭和初期・提供＝阪口繁昭氏〉

▶農繁期の託児所　現在の橋本市隅田町下兵庫にあった「隅田第二国民学校託児所」。当時、農繁期になると、学校は農繁期休暇となり、小学生以上の児童、生徒は数日間、家の仕事を手伝った。幼児は小学校内につくられた託児所に預けられた。周りは先生と付き添いの兄姉。写真には下兵庫と河瀬の4歳児と5歳児合わせて47人が写るが、欠席した幼児もいたので、実際はもっと多くの人数であったという。〈橋本市隅田町下兵庫・昭和15年・提供＝瀬崎浩孝氏〉

▶伊都郡山田村立山田国民学校
終戦の５カ月前に撮影された記念写真。足元はほとんどの子どもが草履である。〈橋本市柏原・昭和20年・提供＝木下善之氏〉

▲高野口尋常高等小学校の朝会　高野口尋常高等小学校で学童服が制定されるのは昭和５年のことで、この頃はまだ着物姿の児童がほとんどである。昭和12年に現在地へ移転している。〈橋本市高野口町名倉・昭和３年・提供＝高野口小学校〉

▶高野口尋常高等小学校の授業風景　国語の授業での朗読のようす。男女同じ教室で学んでいるが、席は左右できっちりと分かれている。机の横には授業で使うそろばんが掛かっている。〈橋本市高野口町名倉・昭和初期・提供＝高野口小学校〉

◀信太国民学校　写真提供者の祖父が友人たちと二宮尊徳像の前で国民服姿で写る。昭和16年、信太尋常高等小学校から信太国民学校となった時に、農業補修科が廃止された。〈橋本市高野口町九重・昭和20年頃・提供＝平田麻里氏〉

▼笠田町立笠田尋常高等小学校の木造校舎　現在のかつらぎ町立笠田小学校。場所は現在と同じで、北西より眺める。背後の山は紀伊山地に連なる山々である。当時の卒業アルバムではこのような写真が最初のページを飾っていた。写ってはいないが、校地のすぐ左手に樹齢数百年のクスノキ「十五社《じごせ》の楠」がそびえている。〈伊都郡かつらぎ町笠田東・昭和11年・提供＝下村克彦氏、『笠田尋常高等小学校卒業記念帖』より〉

◀田中尋常高等小学校　クラス写真には女子しか写っておらず、男女別になっていたことがわかる。当時揃いの制服を着用していたことも珍しい。〈紀の川市打田・昭和10年代前半・提供＝田端康久氏〉

▶鞆渕尋常高等小学校の旧校舎外観　写真右上には鞆渕村役場や、鞆淵八幡神社が見えている。当時木造校舎の小学校は、現在では鉄筋コンクリート造の鞆渕小中学校となっている。〈紀の川市中鞆渕・昭和10年頃・提供＝曽和眞一郎氏〉

◀上名手尋常高等小学校の玄関　写真右の男性は当時の校長先生。その後ろには天皇の御真影と教育勅語が収められた奉安殿が建つ。写真左には二宮尊徳の銅像がある。〈紀の川市名手西野・昭和11年・提供＝上名手小学校〉

▶西貴志尋常高等小学校尋常科卒業生たち　二宮尊徳像の前で記念撮影。当時の学校では、奉安殿の御真影や二宮尊徳像を拠り所とする精神主義が強調され、同校でも集団登校後、列を正して奉安殿の前で最敬礼、二宮尊徳像の前で揃って一礼などが義務づけられていた。〈紀の川市貴志川町長原・昭和10年・提供＝西貴志小学校〉

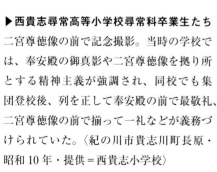

◀**岩出尋常高等小学校**　明治18年に岩出小学校と、溝川小学校が合併し、新たな岩出小学校の開校式が行われた。同20年に岩出尋常高等小学校と改称、34年に現在地へ新校舎が完成している。写真は男子の卒業生たち。校舎の数字は組数だろうか。〈岩出市清水・昭和10年・提供＝岩出小学校〉

▶**岩出尋常高等小学校の学芸会**　演目は「嗚呼忠臣楠公」。立派な衣装にはそれぞれ家紋のような模様が描かれている。〈岩出市清水・昭和7年・提供＝岩出小学校〉

◀**神饌田《しんせんでん》で田植え**　枠を使って丁寧に田植えをする根来小学校の児童たち。大正14年に田んぼ1畝《せ》20歩を校地として購入した。〈岩出市根来・昭和初期・提供＝根来小学校〉

◀上岩出国民学校児童たちによる薪の供出　当時、都市の燃料不足のため、岩出町内の松の木を伐採し住民総出で県道まで搬出した。たび重なる薪の供出は、町に燃料不足をきたし、山林を荒廃させるほどであったという。〈岩出市水栖・昭和19年・提供＝上岩出小学校〉

▲全校児童と教師　行事の際の全校集会の記念写真。最前列中央が校長で、両隣は来賓である。紋付袴姿の人もいる。後ろに立つ教師も正装で、女教師は袴姿である。男子児童は制服姿が多いが、女子は私服の子どもが多く目につき、草履を履いている児童もたくさんいる。グラウンドの最後方には奉安殿、忠魂碑、相撲場が写っている。〈伊都郡九度山町九度山・昭和10年代後半・提供＝九度山小学校〉

▶**花坂尋常高等小学校**　皇紀2600年記念事業として花坂尋常小学校に高等科が設置されたときの一枚。同校では同じく記念事業として山林を購入し、学林の造成が始められた。〈伊都郡高野町花坂・昭和15年・提供＝高野町教育委員会〉

◀**湯川尋常小学校**　明治35年に創立された。玄関には、同42年に付設された農業補習学校の表札も掛けられている。〈伊都郡高野町湯川・昭和4年頃・提供＝高野町教育委員会〉

▶**白藤尋常高等小学校**　明治11年の神谷小学校開校を起源とし、この年には60周年を記念した式典が開かれた。写真は式当日に行われた同窓会の参加者である。〈伊都郡高野町細川・昭和13年・提供＝高野町教育委員会〉

◀和歌山県立原蚕種製造所農事講習所　当時の講師と受講した生徒の記念写真と思われる。明治から昭和にかけて当地域では養蚕が盛んに行われ、国と県は養蚕をさらに奨励するために講習所を設立した。建物には「農」の文字の周囲に蚕がデザインされた紋章が掲げられている。〈岩出市高塚・昭和初期・提供＝菅野照男氏〉

▶旧制粉河中学校の体育館と修武館　修武館は、今で言うところの武道場である。粉河中学校は、県内の第3中学校として明治34年に設立された。当時17歳だった粉河中学生が撮影したもの。写真のどちらの建物も現存しない。〈紀の川市粉河・昭和14年頃・提供＝梅田律子氏〉

◀粉河高等女学校　粉河実科高等女学校が大正2年に開校。この後すぐに高等女学校への昇格の声が上がり、同4年に粉河町立高等女学校創立が認可された。その後、郡立、県立へ移管された。〈紀の川市粉河・昭和初期・提供＝粉河高等学校〉

▶粉河高等女学校の実習風景　高等女学校は女子の中等教育機関ではあったが、女子の職場、家庭に直接つながる教育を重視するもので、裁縫や家事なども含まれた。写真は調理実習のようすだろうか。〈紀の川市粉河・昭和19年・提供＝粉河高等学校〉

◀渋田尋常高等小学校のクラス会　昭和5年の卒業生。母校の奉安殿の前で撮られた記念写真。卒業後4年を経過しているため、セーラー服姿の女学生、制服制帽姿の男子中学生、すでに社会人となっている羽織り袴姿の男性、着物姿の女性など服装は様々である。中央に担任教師が2人座るのは、男女別のクラスであったからだと思われる。〈伊都郡かつらぎ町東渋田・昭和9年・提供＝名山雅庸氏〉

▶那賀農業学校　現在の那賀高校。大正12年に開校、同15年に紀北農業学校と改称した。左の建物は校門と校舎、右が講堂である。現在は玄関のみ残されている。〈岩出市高塚・大正13～15年頃・提供＝那賀高等学校〉

◀県立笠田高等家政女学校の卒業式　昭和2年に町立として開校、同15年に県立へ移管、さらに17年には笠田高等女学校となった。もともと笠田町内に女子の中等教育施設を求める声があって設置され、家事、裁縫、手芸などの科目が重視されていた。戦後の学制改革後、笠田高校となっている。〈伊都郡かつらぎ町笠田東・昭和16年・提供＝かつらぎ町役場〉

▶高野山大学新校舎　昭和4年5月、小田原地区の上ノ段に新校舎の建設が始まり、同11月に落成式が行われた。明治19年に古義大学林として興山寺跡地に開校してから初めての移転であった。〈伊都郡高野町高野山・昭和4年・提供＝高野山大学〉

◀高野山大学の大学祭　模擬店でくつろぐ人びと。コーヒーケーキ付10銭、ミルクパン10銭、果物15銭、サイダー18銭と書かれた貼り紙が見える。家族連れの姿もある。〈伊都郡高野町高野山・昭和初期・提供＝福形崇男氏〉

3 心に残る街並み

古来から、伊都・那賀地方は紀ノ川や貴志川の恵みを受け、川の両側の河岸段丘に沿うように道ができ、その周りには集落が形成されてきた。

橋本市の真土峠から和歌山市への歴史の道・南海道（後の伊勢（大和）街道）筋や、紀の川市粉河から和歌山市加太へ通じる淡路街道筋の所々に人家が建ち、街村ができた。京都や大阪から橋本市の紀見峠を越えて高野山に至る参詣の道・高野街道筋にも集落が形成され、西国三十三札所の粉河寺や根來寺に門前町ができた。

しかし、昭和三十年代後半頃からの急激な経済成長に伴い、道路や鉄道などのインフラ整備が行われ、街並みや景観は変貌した。同四十年代には、長野県の妻籠宿などに残る伝統的な集落に価値を見出し、保存しようとする気運が高まる。それを受け、昭和五十年七月に「文化財保護法」が改正され、市町村に「伝統的建造物群保存地区」が定められるようになった。和歌山県では、平成十八年に、醸造（醤油）町として、湯浅町湯浅が選定された。

伊勢（大和）街道と高野街道の交差する位置（下の写真の橋本市東家の四ツ辻）の東側となる橋本町は、天正十三年（一五八五）、豊臣秀吉の信頼を得た応其上人が古佐田村の紀ノ川に支流・橋本川が流れ込む付近の荒地（約二ヘクタール）を拓いたことにはじまる。のちに人家が建ち高野往還の宿所として街がつくられていった。二年後、紀ノ川に約二三五メートルの橋が架けられ、高野山への物資の供給や旅人の便宜が図られるようになる。三年後に橋は流失してしまうものの、「橋本」の名の由来となり、その縁を今に伝えている。秀吉から塩市や諸役免除の特権が認められると、街はさらに発展。また和歌山城から一一里の位置にあたる当地には、江戸時代に紀州藩の出先機関である伊都郡奉行所（後の代官所）が置かれ、紀ノ川中流域の行政や商業の中心地として隆盛を誇った。

応其上人開基から約四〇〇年栄えてきたこの橋本も、度重なる水害や火災、とりわけ昭和四十年代頃からのモータリゼーションに伴う道路の拡充整備、そして大型店舗の参入などにより、その姿を変えてきた。

かつてあった切妻、瓦葺きの屋根に卯建つのあがった主屋、格子窓や虫籠《むしこ》窓、なまこ壁の蔵など、機能的な構造の美しさを備えた町屋などは往時の面影を伝えていたが、それらも時代の潮流には逆らえず、徐々に新しい現代的な建物が建てられた。

昔日の橋本町の姿を保存しようと、「橋本の町と町家の研究会」による街並調査研究が進められ、その調査結果は平成十四年に橋本市が発行した『橋本の町と町家』にまとめられている。

（瀬崎　浩孝）

▶**高野街道に交通標識を設置**　バスも運行していた高野街道は、橋本小学校の通学路と交差していた。児童の安全を守るため、一時停止の交通標識を地元の青年団が立てているところ。〈橋本市東家・昭和25年・提供＝阪口繁昭氏〉

◀**橋本駅前**　駅前には飾り物が置かれたり、万国旗が飾られたりと、紀の川祭開催を控え、お祝いムード一色である。食堂・三角亭は現在も同じ場所で営業している。〈橋本市古佐田・昭和31年・提供＝橋本市役所〉

▶**橋本駅前通りを行くミス橋本のパレード**
第8回紀の川祭で行われたミス橋本コンテスト。グランプリと準グランプリに輝いた3人がパレードをしている。〈橋本市古佐田・昭和31年・提供＝橋本市役所〉

◀**交通安全誓いの行進**
橋本保育園の園児全員が交通安全の旗を持って参加した。通勤、通学の時間帯に、園児たちは元気良く「信号の歌」を歌いながら橋本駅から橋本市役所まで行進した。〈橋本市古佐田・昭和30年代中頃・提供＝阪口繁昭氏〉

▶松ヶ枝橋　橋本川に架かる大和街道の橋。橋の向こうには「本町通壹丁目」と書かれたアーチが架かり、商店が軒を連ねている。後にほんまち商店街となった。写真中央に街道の一里塚である一里松が大きく枝を広げている。〈橋本市橋本・昭和20年代・提供＝ツハダ写真店〉

▲ほんまち商店街の賑わい　ほんまち商店街を南に見る。前方は国道24号が左右に走っており、それを越えると紀ノ川に通じていた。路面が荒れているのは、昭和25年にコンクリート舗装がされたが、翌26年に上水道の敷設が行われ、舗装を割って塗り戻したため。左側手前から雑貨店、下駄屋、おもちゃ屋、電器店、食品店、饅頭屋。右側は呉服店、紳士洋服店、荒物屋、金物屋。〈橋本市橋本・昭和30年代前半・提供＝谷口善志郎氏〉

▶ほんまち商店街　橋本川に架かる松ヶ枝橋から応其寺に至る大和街道に沿うほんまち商店街には、江戸、明治時代に建築された町家が並び、紀ノ川筋随一の老舗が軒を連ねていた。昭和44年6月、商店街の振興組合が、大資本進出の防衛や商店の共同化などを目的として、商店街全域に開閉式天幕装置による簡易アーケードを設置し、中央に56個の照明灯、60個の看板灯を付けた。同46年の地元の新聞記事によると、ほんまち商店街の歳末大売り出しには、好景気を反映して景品の抽選券3万枚が発行された。それでも不足して増刷し、合計3万5,000枚が利用されたという。いかに賑わっていたかがわかる。〈橋本市橋本・昭和59年・提供＝北森久雄氏〉

▼ほんまち商店街の応其寺付近　右端に大谷薬局、通りの向かいにはツジモト雑貨店、平林酒店が並ぶ。〈橋本市橋本・昭和50年代・提供＝橋本商工会議所〉

▶応其寺界隈の路地　写真の「吉兆」はかつて、明治後期に建てられた主屋棟と、大正15年に建てられた増築棟からなる木造三階建ての旅館であった。その後、昭和50年代には天ぷら惣菜屋、居酒屋として営業していた。1階の落ち着いた部屋で地元の人はよく飲み会をした。しかし、市街地区整理事業によって近辺の様相は一変し、現在は吉兆の痕跡すら残っていない。〈橋本市橋本・昭和59年・提供＝北森久雄氏〉

▲堺屋旅館　明治34年の創業で、当初橋本市古佐田の橋本川沿いにあった。正面玄関の「国鉄・南海電鉄推薦、日本交通公社指定」の文字が目に留まる。戦後、南海高野線橋本駅ホームで堺屋製の名物鮎寿司などの駅弁が売られていた。また、結婚式場、披露宴会場、宴会場としても利用されていた。橋本川の改修で現在は紀ノ川沿いに移り営業している。〈橋本市古佐田・昭和59年・提供＝北森久雄氏〉

▶ほんまち商店街のアーチ　国道24号から北を望む。「ほんまち」のアーチ右側の中西菓子舗は現在も営業しているが、アーチ、アーケードはもうない。〈橋本市橋本・昭和50年代・提供＝橋本商工会議所〉

▲ほんまち商店街松ヶ枝橋側の入口　現在は橋本駅前の再開発の影響で、橋より向こうの景観はがらりと変わっている。〈橋本市橋本・昭和50年代・提供＝橋本中学校昭和26年度卒業生「二・六会」〉

▼堺屋の前の坂道　橋本駅から上本町商店街を抜け、キリスト教会前を通り、突き当たりを右折すると緩やかな坂道に出る。付近に堺屋旅館があったことから通称「堺屋の前の坂道」と呼ばれていた。橋本小学校の通学路であり、東家や市脇にある橋本市役所や電報電話局、国や県の出先機関などに通勤する人たちの近道でもあった。この頃の街灯は裸電球だった。〈橋本市古佐田・昭和59年・提供＝北森久雄氏〉

▶橋本警察署付近　写真手前の車が横切っているのが国道24号で、左の建物が橋本警察署、奥には橋本橋が見えている。当時の橋本警察署はコンクリート造三階建てで、玄関を入り階段を上がったところに各係の窓口が置かれていた。〈橋本市橋本・昭和40年代・提供＝阪口繁昭氏〉

◀橋本１丁目交差点　左手の建物は大正末期に開業した山本傘提灯店。提灯本体は大阪から仕入れ、店では和紙に油を塗り、主に高野山の寺院名や紋章、神社の祭り用の文字を書き入れ、通常5日間、冬場だと1週間2階に吊るして乾燥させた。提灯店は昭和30年頃までは市内に4軒あったという。都市計画による市街地区整理事業で一時移転先の仮店舗で営業していたが、後継者がいなくなり、平成29年に店を閉じた。傘提灯店の右隣は、映画のチラシや地方紙などを印刷していた橋本印刷。同じく移転し、こちらは今も営業を続けている。〈橋本市橋本・昭和59年・提供＝北森久雄氏〉

▶橋本の武田書店　明治8年創業の老舗書店として、教科書をはじめ、学校で使う実験器具なども取り扱っていた。近年店を閉じている。〈橋本市橋本・昭和50年代・提供＝橋本商工会議所〉

▲横断歩道の設置　モータリゼーションの進展に伴い、国道24号に横断歩道を設置することとなった。写真では一度塗装した上から二度塗りの作業中である。警察官や橋本地区長なども協力に駆けつけ、横断歩道を仕上げた。奥に小さく御殿橋が写っている。〈橋本市橋本・昭和27年・提供＝阪口繁昭氏〉

▶国道24号の拡幅工事　現在の橋本2丁目付近。道路の拡幅に伴い、沿道の家屋は紀ノ川側へ移動を余儀なくされる大工事であった。完成後は円滑な車の往来が可能になった。〈橋本市橋本・昭和30年代・提供＝阪口繁昭氏〉

▶市制10周年を祝う飾り物
2枚の写真はほぼ同地点を写したもので、「祝市制十周年橋本市」「祝橋本市」とそれぞれ書いてある。昭和30年に橋本町、岸上村、山田村、紀見村、隅田村、学文路村が合併し、橋本市が誕生。この年に10周年を迎え、それを記念して市役所付近に2つの飾り物が設置された。〈橋本市東家・昭和40年・提供＝橋本市役所〉

◀橋本小学校児童の通学風景
当時の全校児童数は1,000人近くにも上り、通学時には「励友会」と呼ばれていたボランティアが各所で通学児童の注意、指導にあたっていた。現在の見守り隊のような組織であったという。写真は四ツ辻付近のようす。〈橋本市東家・昭和20年代・提供＝阪口繁昭氏〉

▶東家商店街　大和街道（上下）と高野街道（左右）の交差地点。手前は松ヶ枝橋、ほんまち商店街へと続く。〈橋本市東家・昭和40年代・提供＝北山惠宣氏〉

▲村の街並み　地域の人びとが通い続けたなじみ深い里の道。民家が続き小店があった。戦後間もない頃は、米は割り当て、塩や砂糖は配給制であった。生活物資は乏しく、麦やこうりゃんの飯を食べた。物を買うときは、通い帳に購入品や金額を書き、年２回、盆や正月前に一括して支払った。食堂もあり、うどんは高級品で一杯20円か30円であったという。〈橋本市岸上・昭和30年代・提供＝橋本市郷土資料館〉

▶隅田商店街　東商店、石井商店、山本食料品店、上田理髪店、石井食堂、井川薬局、隅田郵便局、森脇商店などが軒を連ねる。通りに立つ少女がかけている大きなサングラスは当時の流行。昭和中期の商店街の眺めである。〈橋本市隅田町中島・昭和45年頃・提供＝丹羽敬治氏〉

▲高野街道　四ツ辻の交差点付近から北方向。道路は綺麗に整備されている。写真奥に見える高架橋は国鉄和歌山線のもの。〈橋本市東家・昭和40年頃・提供＝阪口繁昭氏〉

▲東家の大和街道筋の街並み　橋本市東家は縄文時代から集落が形成されていた。東家に所在していた頃の橋本小学校校庭から多くの住宅跡や生活道具が見つかっている。中央の道は、大和（伊勢）街道で、江戸時代から伊勢参宮や大名行列があり、多くの人びとや物資が往来した。左の家は、大庄屋であった堀江家。明治43年10月、当時の橋本町長であった堀江小太郎は「実科高等女学校」の設置に尽力し、翌44年2月23日に、文部省の認可となった。校舎は橋本駅西南200メートルの橋本小学校の教室を借りた。現在の橋本高校の起こりである。〈橋本市東家・昭和60年代・提供＝瀬崎浩孝氏〉

▶高野口町の大和街道の街並み
街道の左側には法制局長官、商工大臣、鉄道大臣などを歴任した前田米蔵の生家があった。左が電線用、右が電話線用の柱である。これらの電柱は今も残っている。〈橋本市高野口町名倉・昭和初期・提供＝北風雅章氏〉

◀嫁入り道具の出発　名手中央通り商店街の商店から嫁入り道具が運び出される。トラックには縁起物である鶴と亀が描かれた幕がかけられ、荷台には荷物の見届け役である身内の男性が乗り込んでいる。〈紀の川市名手市場・昭和30年頃・提供＝上野チヅ子氏〉

▶名手中央通り商店街の上野百貨店　主に金物などを扱っていた上野百貨店。店の人たちが店頭に立ち、商店街で行われていた祭りの仮装姿でにっこり。〈紀の川市名手市場・昭和30年代・提供＝上野チヅ子氏〉

◀打田駅前　写真の右側に打田駅があり、駅前には商店が軒を連ねていた。左端からタバコ店、運送会社、タクシー会社が並ぶ。この頃の駅前は広場になっており、子どもたちはよくここで遊んだ。〈紀の川市打田・昭和24年・提供＝田端康久氏〉

▶西大井の藁葺き屋根の家　棟と軒周りを本瓦葺きにした藁（小麦藁）葺き屋根は、俗に根来屋根と呼ばれる。この家の建築年代は祈祷札から寛文～延宝年間（1670年代）と推定され、前にあるイブキの大樹もその頃に植えられたものだという。この後、昭和50年の台風で屋根の一部が損壊し、取り壊されてしまった。〈紀の川市西大井・昭和46年・提供＝大井一成氏〉

◀伊那酒類商業協同組合　粉河駅北の現在の南都銀行粉河支店付近にあった。現在はもうない。〈紀の川市粉河・昭和29年・撮影＝橘信秀氏〉

▲細道と町家の本町　典型的な商家としての町屋造りである、楠せともの店が写真左に見える。古い町家が建ち並ぶかつての本町の風景。〈紀の川市粉河・昭和50年・提供＝木村康恵氏〉

▼中町の今はなき街並み　車1台通るのがやっとであろう狭い道に、安田ガラス店や小川かまぼこ店が並ぶ。この後に拡幅工事がされて現在は両側に歩道が付いた道路となり、多くの店がなくなってしまった。〈紀の川市粉河・昭和50年・提供＝木村康恵氏〉

▶粉河橋　国鉄粉河駅前から東に200メートル、中津川にかかる粉河橋の東詰から北を望んでいる。右手の自転車店は現在も同地点で営業している大野自転車商会で、ナショナル自転車の特約店であったため、看板が見えている。手前（南）に続く道は和歌山線にぶつかっていたが、現在はなくなっている。〈紀の川市粉河・昭和29年・撮影＝橘信秀氏〉

◀粉河寺の門前町　大門橋から粉河寺の大門を写す。左手には大神社のクスノキが見える。右手には丸浅旅館の看板が出ている。〈紀の川市粉河・昭和40年代・提供＝小畑雅行氏〉

▶粉河寺のみやげ屋　粉河寺の大門をくぐったところに現在もある「カニイお土産店」。オロナミンCや森永アイスクリームの懐かしい看板が見える。〈紀の川市粉河・昭和40年代・提供＝小畑雅行氏〉

▶長山団地の運動会　昭和48年に長山団地の造成が始まり、住居の建設、道路の拡幅工事などが行われた。同60年時点で、同様の貴志川町内の団地の造成は69件にのぼった。長山団地に新設されたグラウンドで町内運動会の玉入れ競技が行われている。〈紀の川市貴志川町長山・昭和62年・個人蔵〉

▲大國主神社参道の鳥居　左端に陽向山から見下ろす貴志川の街並みが写る。現在鳥居の周りは木が鬱蒼と茂っている。また、春は満開の桜が咲き、参拝者を迎え入れる。〈紀の川市貴志川町国主・昭和56年・提供＝田村勝實氏〉

▶精米所　米の販売も兼ねていた北山精米所。注文があると、自転車に米を積んで配達に出かけたという。右端には隣に建っていた消防団の火の見櫓が見える。〈紀の川市貴志川町丸栖・昭和40年頃・提供＝北山卓嗣氏〉

▶大和街道沿いの街並み　国鉄和歌山線沿線、現在は岩出地区コミュニティセンターが建つ辺り。紀ノ川に沿う大和街道は、多くの商店で賑わっていた。写真の奥へ進むと、岩出橋に続く道に出る。〈岩出市清水・昭和40年前半・提供＝岩出市民俗資料館〉

▼日の丸が並ぶ大和街道　街道にたくさんの国旗が吊るされ、賑やかな祭りのようすである。〈岩出市清水・昭和50年代・提供＝岩出市民俗資料館〉

▲笠田駅前商店街　笠田駅から南に伸びる商店街。北向きに撮影したもので、右側は手前から紀陽銀行笠田支店、食品店、カメラ店などが並ぶ。左側は鈴木タンス店、にしかわ呉服店と続いている。〈伊都郡かつらぎ町笠田東・昭和43年頃・提供＝かつらぎ町役場〉

◀元旦に帰省先の笠田で　かつては、誰もが盆と正月には必ず家族で実家へ帰省したものだった。元日に、久々に会った家族の記念写真。田舎の母は着物姿、車に乗って来た息子たちは普段着である。〈伊都郡かつらぎ町笠田東・昭和44年・提供＝広原利弘氏〉

▲中飯降駅前の風景　駅から北方向（通称大畑街道）を写した一枚で、左手前の塀は東光寺のもの。買ってもらったばかりの自転車に乗る兄の後を、妹が三輪車で付いていく。当時は車の往来も少なく、安心して自転車の練習ができた。〈伊都郡かつらぎ町中飯降・昭和40年頃・提供＝岡村哲明氏〉

▼大和街道沿いの商店　笠田駅から大和街道を西へ進んだ辺り。左の洋品店は現在はない。その手前の女性は買い物帰りだろうか。原付の女性は、足元に子どもを乗せている。おおらかな昭和の雰囲気を感じる一枚。〈伊都郡かつらぎ町笠田東・昭和43年頃・提供＝かつらぎ町役場〉

▶九度山交差点　九度山駅前の5差路で、まだ歩道橋は設置されていない。写真は自動車が一般家庭に普及しはじめた頃。横断歩道では交通指導員や小学校の教師、保護者が子どもたちの安全を見守っている。〈伊都郡九度山町九度山・昭和40年代・提供＝九度山小学校〉

◀南都銀行へ続く道　九度山橋南詰から集落へと入っていく道を、九度山小学校の児童たちが交通安全を呼びかけながらパレードしている。坂の上にある南都銀行は現在閉店、建物は使用されていない。〈伊都郡九度山町九度山・昭和48年・提供＝九度山小学校〉

▶交通安全運動と九度山町の街並み　現在、世界遺産に登録されている慈尊院前の通りで、写真は門前の階段から写している。道の突き当たりは紀ノ川で、かつて高野町石道へ続く舟着き場があり、下乗石が建っていた。〈伊都郡九度山町慈尊院・昭和48年・提供＝九度山小学校〉

▲高野の乗合馬車　「平地より 10 度涼しい」が高野山のキャッチフレーズのひとつ。その高野山に夏が到来すると、大勢の林間学校の子どもたちや避暑客で賑わう。人気の交通機関のひとつが観光乗合馬車。山内に 10 台あったという乗合馬車が、大勢の客を乗せて山内をポカポカと音を立てて進む。〈伊都郡高野町高野山・昭和 50 年・提供＝北森久雄氏〉

◀小堀南岳堂前で　小堀南岳堂は、書籍のほか文具や化粧品なども扱っている。店の前で幼子を抱く当時の店主が写っている。〈伊都郡高野町高野山・昭和 23 年頃・提供＝小堀南岳堂〉

▶雪の高野町　読売新聞の販売店と上裕理髪館の前では、子どもたちがそりをして遊んでいる。商店街の道路はすっかり雪で覆われている。ミカンの産地として知られる温暖な和歌山県だが、山に囲まれた内陸の高野山では寒暖の差が激しく、冬は積雪量も多い。〈伊都郡高野町高野山・昭和30年頃・提供＝小堀南岳堂〉

▼五の室谷《むろだに》　五の室谷は、現在の高野警察前から波切不動前までの一帯の地区で、「室」の字を持つ寺院が5つあったことが名前の由来とされている。今では比較的閑静な場所だが、写真には大変多くの人が写っている。〈伊都郡高野町高野山・昭和32年・提供＝高野町教育委員会〉

◀千手院橋付近　この橋より北の地区は千手観音堂があるため、千手院谷と通称される。写真の通りは西小田原道路と呼ばれ、高野山内で最も商店や宿坊の並ぶ通りである。現在は千手院橋はなく、交差点の名前として残っている。〈伊都郡高野町高野山・昭和32年・提供＝高野町教育委員会〉

フォトコラム　建物・寺社

民家

昭和初期、多くの民家が木造の茅（藁）葺きであった。現在の橋本市紀見地区はかつて「紀州の屋根屋」と呼ばれ、多くの茅葺き職人がいた。七人ほどで組をつくり、紀北地方や阪神地方の需要に応えた。一軒につき約一週間かかる屋根の葺き替え作業は、農家の冬の農閑期の副業であった。昭和三十年代頃から瓦葺き屋根の家が多くなり、この茅葺き業も廃れていった。

神社寺院

社寺は昔から氏神、氏寺として村人の心の拠り所であり、集会所でもあった。最近は生涯学習時代にふさわしい鉄筋造の新しい公民館などが建ち、社寺の集会所としての役割はなくなってきた。伊都・那賀地方には由緒がある名高い社寺が多い。特に注目したいのが、鎌倉、室町時代の檜皮葺き《ひわだぶ》の社寺である。丹生都比売《にうつひめ》神社（かつらぎ町）、三船神社（紀の川市）、高野山金剛峯寺（高野町）、粉河寺（紀の川市）、根來寺（岩出市）など、国宝が二棟、重要文化財は十一社寺、三十一棟もある。檜皮葺きの社寺を守り発展させようと、現在も宮大工が懸命に働いている。昭和五十三年に文部大臣から檜皮葺き、柿葺き《こけらぶ》技術者として「選定保存技術保持第一号」の認定を授与された谷上伊三郎氏（橋本市向副）が亡くなり、檜皮葺き技術の後継者育成が急務となっている。

公共施設

昭和の市町村合併により、同三十年頃から役場の新庁舎をはじめ住民の安全、健康、福祉を図る警察署、消防署、病院、郵便局などの建設が進んだ。また、地場産業を支える農協や商工業会館など、鉄筋の立派な建物が増えた。私が昭和五十年から社会教育推進や文化財保護行政に携わる一人として勤務した伊都県事務所は、伊都代官所跡に建つ古い木造二階建てであった。また隣に旧橋本町役場を利用して建てられた橋本市公民館と橋本労働基準監督署が置かれていたが、いずれも木造であった。

昭和四十年代後半になると、橋本市や岩出市で大規模な新興住宅地が開発され始めた。大阪などから多くの人が移住し、新旧住民のふれあいの場として市民会館、公民館、図書館、体育館、学校が新設された。

農村型から都市型の町へ。変化し、発展する地域社会の中、温故知新の館として橋本市郷土資料館や岩出市民俗資料館が建設された。これらの施設に保存される「ふるさとの歩み」について一層関心が寄せられることを願いたい。

（瀬崎　浩孝）

▲岩出市民俗資料館　平成元年４月に根來寺境内の駐車場の東側に開館。同４年から根来塗の講座を開くなど、根来塗復興活動の中心となっている。〈岩出市根来・提供＝瀬崎浩孝氏〉

▼橋本市郷土資料館　昭和49年に杉村公園内に開館した。歴史学、考古学、民俗学の関係資料6,000点以上が収蔵されている。〈橋本市御幸辻・提供＝瀬崎浩孝氏〉

▲橋本市役所　昭和30年、橋本町、岸上村、山田村、紀見村、隅田村、学文路村が合併して橋本市が誕生、発足時は旧橋本町役場を仮庁舎として使用していた。昭和32年に橋本市東家に新市庁舎の建設が始まり、翌33年8月に総工費5,000万円をかけて鉄筋コンクリート造二階建ての新庁舎が完成した。〈橋本市東家・昭和33年・提供＝橋本市役所〉

◀山田村役場　木造平屋建ての役場玄関前で撮影された職員の集合写真で、前列中央が小林豊治村長である。出塔地区は山田村のほぼ中央に位置し、役場前には駐在所もあった。この後の昭和30年、山田村は橋本町他と合併して橋本市となるが、小林村長は第二代橋本市長も務めた。〈橋本市出塔・昭和26年・提供＝高崎正紀氏〉

▶鉄筋の建物　左が橋本簡易裁判所。橋本市東家5丁目2に位置している。現在も同じ場所に、改築されている。右は関西電力橋本営業所で、現在は東家6丁目に移転している。営業所は配電設備の建設、運用、保守義務などを行っていた。〈橋本市東家・昭和30年代・提供＝橋本市郷土資料館〉

▶青年防犯隊の発足　県下で初めて橋本警察署に青年防犯隊が設置された。青年防犯隊はヒロポン（覚せい剤）の追放などに取り組み、災害時の出動も主な活動であった。この頃の警察官の制服は薄い黄色であった。〈橋本市橋本・昭和28年・提供＝阪口繁昭氏〉

▼二代目の国保病院　国保病院は現在の橋本市東家の市役所南東約200メートル、橋本中央青果市場付近にあった。昭和20年代に戦後最初の国民健康保険病院が橋本町妻に建設されたが、残念ながら同27年3月24日に製材所の火災が延焼し、全館焼失。病人や医師、看護婦は伊都郡妙寺町の紀北病院へ移った。三代目は現在の市役所西側に移転して市民病院となり、近年には四代目が小峰台へ移った。〈橋本市東家・昭和20年代後半・提供＝橋本市郷土資料館〉

▶国保橋本市民病院　上写真で語られた三代目である。東家1丁目にあった。昭和37年10月に着工し、満2年をかけて同39年に鉄筋コンクリート造の総合病院が完成した。総面積3,300坪、総工費3億7,000万円。X線装置に最新鋭の機械を備えた。一般病棟130床、結核病棟70床、神経精神病棟100床、伝染病棟23床などが設けられた。その後、昭和42年と45年に増床工事を行い、合計383床となった。〈橋本市東家・昭和46年・提供＝北森久雄氏〉

▲ニチイリバータウン橋本店開店　昭和55年、橋本市内にスーパーマーケット松源、Aコープが相次いで進出。地元小売業者は、大型店の進出を反対していたが、客側の要望もあり、大型店との共同店舗作りを模索していくこととなった。複合商業施設としてニチイが誘致され、その後17年間にわたり商業活動の拠点となった。〈橋本市市脇・昭和60年・提供＝橋本商工会議所〉

▼天満神社の屋根替え　通称学文路天満宮として知られる神社。神職と神職の総代、宮大工に加え、地域の名士らが出揃って、工事の完成を祝った。〈橋本市南馬場・昭和21年・提供＝天満神社〉

◀隅田門前にあった頃の随身門　隅田門前には、かつて随身門が建っており、この頃に左右の常夜灯ともども隅田八幡神社へ移された。写真は移築に携わった相談役員である。〈橋本市隅田町中島・昭和18年頃・提供＝丹羽敬治氏〉

▶成就寺の鐘楼門　昔は鐘撞き堂と呼ばれ、毎年大晦日の夜には、除夜の鐘を百八つ撞いたものであった。釣鐘の鋳造年は昭和22年亥年秋月となっている。〈橋本市南馬場・昭和40年頃・提供＝戸谷彰臣氏〉

◀粉河町役場　昭和30年4月に粉河町、長田村、竜門村、川原村が合併、新たに粉河町が誕生。同年7月に王子村の一部、翌31年9月に鞆淵村が編入され、32年11月に粉河町役場新庁舎が完成した。〈紀の川市粉河・昭和32年・提供＝小畑雅行氏〉

◀**貴志川町役場前で**　貴志川消防団第四分団の出初式後に撮られた集合写真。昭和30年の貴志川町発足当時は、旧中貴志村役場をそのまま町役場として使用していた。その後同33年、写真の木造の庁舎が誕生、さらに56年に鉄筋コンクリート三階建ての新庁舎（現紀の川市役所貴志川支所）が完成した。〈紀の川市貴志川町神戸・昭和40～50年年代・提供＝北山卓嗣氏〉

▶**岩出町役場**　昭和31年に岩出町、山崎村、根来村、上岩出村、小倉村の船戸と山崎地区が合併し、新しく岩出町が誕生した。同37年には新庁舎建設委員会が設置され、38年に着工。総工費5,060万円をかけて写真の新庁舎が完成した。〈岩出市西野・昭和40年後半・提供＝岩出市民俗資料館〉

◀**那賀郡消防組合**　那賀地方で道路整備やベッドタウンとしての開発が進むと、火災や交通事故も増加した。より広域的な消防体制を整備するため、昭和49年に、打田町、粉河町、那賀町、桃山町、貴志川町、岩出町共同で那賀郡消防組合を設立。本部は岩出町中迫に置かれた。〈岩出市中迫・昭和50年代前半・提供＝岩出市民俗資料館〉

▶岩出保健所　太平洋戦争中、保健衛生を目的として各郡に県立の保健所が新設された。岩出保健所は昭和19年10月に、岩出町公会堂の一部を利用して開所した。戦後、国民の健康意識の高まりを受け、昭和26年に現在の岩出地区公民館の北側に新庁舎が完成した。〈岩出市高塚・昭和26年・提供＝田端康久氏〉

▲岩出町体育館　昭和46年、黒潮国体と同じ年に竣工した。現在も岩出市立体育館として利用され、スポーツの振興、市民の健康増進に貢献している。〈岩出市西野・昭和50年代・提供＝岩出市民俗資料館〉

▶岩出町老人憩いの家「根来山荘」　昭和47年4月、根來寺の境内地に建設された。高齢者の憩いの場などとして利用され、開館した年の年間利用者は3,217人に上った。〈岩出市根来・昭和50年代・提供＝岩出市民俗資料館〉

▶根來寺の大塔と臥龍《がりゅう》の松　根來寺は根来山に鎮座する新義真言宗の総本山である。写真の大塔は明治32年に旧国宝となり、昭和27年には文化財保護法により改めて国宝に指定されている。手前の巨木は開山上人の手植えの松と伝えられ、地上に蛟龍《こうりゅう》がとぐろを巻く姿に見えたので「臥龍の松」と名付けられた。残念ながら現在は枯れてしまっている。〈岩出市根来・昭和20年代・提供＝辻本力氏〉

◀旧笠田町役場　明治22年の町村制の施行によって笠田村が誕生、大正9年に町制を施行し笠田町となった。現在、かつらぎ町役場の敷地内に元川上酒かつらぎ文化伝承館として復元されている。〈伊都郡かつらぎ町笠田中・昭和57年・提供＝かつらぎ町役場〉

▶かつらぎ町役場　かつらぎ町は伊都町、妙寺町、見好村が昭和33年に合併して誕生した。役場に掲げられている町章はかつらぎ町の「か」を図案化したもので同34年に制定された。円形は友愛と団結を、左右に生えた翼は永遠の発展と限りなき飛躍を表している。〈伊都郡かつらぎ町丁ノ町・昭和43年頃・提供＝かつらぎ町役場〉

▶**妙寺警察署**　かつらぎ町と高野口町を管轄としていた。平成18年に高野口町は橋本市と合併したが、管轄は妙寺警察署のままであった。同20年新庁舎が中飯降に完成、「かつらぎ警察署」と改称した。〈伊都郡かつらぎ町妙寺・昭和43年頃・提供＝かつらぎ町役場〉

◀**県立医科大学紀北分院**　昭和13年に伊都郡購買販売組合が設立した紀北病院が起源である。その後和歌山県に買収され、県立医科大学附属病院紀北分院となった。〈伊都郡かつらぎ町妙寺・昭和43年頃・提供＝かつらぎ町役場〉

▶**かつらぎ郵便局**　昭和42年に設立され、笠田郵便局、妙寺郵便局、渋田郵便局など各局の集配業務を引き継いだ。左端には当時のバス、駐車場にはスバル360など懐かしい車も写っている。〈伊都郡かつらぎ町丁ノ町・昭和43年頃・提供＝かつらぎ町役場〉

◀旧伊都銀行本店　江戸時代の地士大和屋孫次郎（大孫）の屋敷跡に明治29年に伊都銀行が開業した。その頃の妙寺村は川上《かわかみ》酒造酒《ざけぞうしゅ》仲間《なかま》の中でも有力な地域であり、酒造家・森田庄兵衛が初代頭取を務めた。本店は妙寺に、笠田、名倉、九度山に支店が置かれた。大正13年粉河に本店のあった那賀銀行と合併し、伊那合同銀行となったが、昭和恐慌による製糸業の衰退の中で、閉鎖に追い込まれ、現在の紀陽銀行に吸収された。今は建物だけが残されている。〈伊都郡かつらぎ町妙寺・平成30年・提供＝澤田卓也氏〉

▲かつらぎ町農業共同組合　かつらぎ町は四郷の串柿が有名だが、そのほかミカンなども含め果物が豊富で、特産品となっている。かつらぎ町農業協同組合は、平成13年に橋本市、伊都両農業協同組合と合併し、紀北川上農業協同組合となった。〈伊都郡かつらぎ町妙寺・昭和43年頃・提供＝かつらぎ町役場〉

◀城山神社第2回正遷宮　明治39年の神社合祀政策で、中飯降地区9社が統合され、城山神社となった。以降20年ごとに正遷宮が行われたが、敗戦の影響もあり、写真の第2回の正遷宮は21年目に行われた。屋根の葺き替えなどの修繕工事を終え、記念に役員たちを収めた。〈伊都郡かつらぎ町中飯降・昭和23年・提供＝岡村哲明氏〉

4 暮らしのワンシーン

戦後の日本は、敗戦のどん底から朝鮮戦争特需などにより驚異的な復興を遂げた。この経済成長は、人びとの生活に影響を与えた。ここ紀ノ川筋でも、大阪や和歌山などの都市に遅れながらもその影響を受けていくこととなる。

この章では、主に昭和三十年代から四十年代初期にかけての暮らしや、子どもの表情などを取り上げることとした。当地方の人びとは主に農業で生計を立ててきた。紀ノ川の北岸は和泉山脈との間に広い平地が広がり、稲作を中心に、麦や玉ねぎの栽培も裏作として行われてきた。紀伊山地のせまる南岸では、水はけや日当たりの良い傾斜地などを利用し、カキ、ミカン、モモなどの栽培が行われてきた。特に「安楽川の桃」「九度山の富有柿」は北岸側の「四郷の串柿」とともに当地域の特産品である。

当時の稲作では代かきなどの作業で人力に加え牛を動力としていた。また田植えや草取りには様々な道具が用いられた。特に田植えや稲刈りなどの多忙時に地区の人同士で助け合い、協力し合う互助の精神があり、田んぼは人びとの交流の場にもなっていた。

現在少子化が進み、パソコンやゲームの普及もあって、屋外で子どもたちの姿を見かけることが少なくなったが、まだ当時はどこに行っても元気に遊ぶ姿を見ることができた。学校から帰ると近所の子どもが集まり、年長の子を中心にして日の暮れるまで仲良く遊んだものである。夏休みは川で泳いだり、川や池で釣りをするのが日課であった。子どもの一番の楽しみは雛祭りや節句、各地で行われる祭りであり、餅まきは子どもだけでなく大人の楽しみのひとつでもあった。この章に掲載されている「シェー」の動作やフラフープの写真は、この頃流行した遊びのひとコマである。

また、大人たちは、自分の子や孫だけでなく、よその子どもも同様に考え、褒めたり叱ったりして、地域全体で子育てをしていた。

結婚式や葬儀は自宅で行った。嫁入り時は花嫁姿に近所の人が集まり、葬儀の際の野辺の送りは地区全体で手伝った。今では見られない光景である。

高度経済成長の影響が当地方にも及びはじめると、テレビや洗濯機などの普及が進み、動力脱穀機（輪転機）などの農機具も徐々に使用されるようになった。農業の省力化が進むと、大阪、和歌山へと職を求める人びとがますます多くなり、兼業農家も増えていった。生活が向上した反面、地域のつながりや交流が少なくなったことは、当地方にとっても大きな損失であった。

（尾﨑 準一郎）
（三島 英雄）

▲初午《はつうま》の餅まきを待つ人びと 茅葺き民家の前に大勢の人が集まって、初午の餅まきを待っている。初午は旧暦２月最初の午の日で、五穀豊穣や商売繁盛を祈り各地で餅まきが行われた。稲荷神社祭礼の行事で、当地方では厄除けの意味もある。拾った餅や菓子を袋に入れながら、各家を回っていく楽しい行事である。〈橋本市隅田町下兵庫・昭和 34 年頃・提供＝松田和子氏〉

◀代《しろ》かき　代かきとは、田に水を引き込んで、土を細かく砕き、田んぼの表面を平らにする作業。田の水漏れを防いだ。この作業は牛に犂《すき》を曳かせて行うことが多く、農家にとって牛は労働力であるとともに大事な家族であった。〈岩出市内・昭和36年・提供＝岩出市民俗資料館〉

▶田植え風景　昭和30年代までの田植えは、稲苗を手で植えた。苗床で育てた苗を束ね、準備のできた代田に運び、適当な間隔に投げ入れる。この仕事は男性が受け持った。その後投げ入れられた一把を片手で持ち、一方の手で3本ほどつかんで枠を使って植えていく。前かがみの終日作業で、暑い日も雨の日も関係なく約1週間から10日ほど続くこともあり、実に厳しい作業であった。田植えが終わると、氏神や家の神棚に稲苗を供えた。無事田植えが終わった祝いと今年の豊作を祈る行事で、これを「さなぶり」といった。〈橋本市隅田町下兵庫・昭和34年頃・提供＝松田孝男氏〉

◀田の草取り　田植え後は小まめな灌漑《かんがい》と除草が大切であった。写真は稲の株の間に除草機を入れて押しているところ。除草機には回転式の爪が取り付けられ、進むごとに雑草を巻き込んでいった。また、土を掘り起こすため、適度な空気を土の中へ入れてやることもできた。〈岩出市内・昭和37年・提供＝岩出市民俗資料館〉

▶稲刈り　収穫のとき。コンバインが普及する前は１株ずつ手作業で刈り取っていった。後ろの男性は一休み中。〈岩出市内・昭和 37 年・提供＝岩出市民俗資料館〉

◀動力脱穀機を使って　稲刈りが終わると、稲から籾《もみ》を落とす脱穀である。大正から昭和初期にかけては足踏み式脱穀機を使っての脱穀作業であったが、当時は写真のような、動力を利用した脱穀機が普及していた。〈紀の川市下鞆渕・昭和 50 年頃・提供＝曽和眞一郎氏〉

▶牛力による農作業　牛は農家にとって大事な動力であった。農家の巽や乾の方角に牛小屋を構え、子牛のときから育てた。子牛の鼻には穴を開け、手《た》綱《づな》を結ぶ鼻木を付けた。前進するときは「シーチョイ、シーチョイ」、止めるときは「オン、オン、オン」と声をかける。右方向に進めるには鼻から手綱を引き、左方向には手綱で子牛の右横腹をたたいた。農家では、牛を家族の一員として飼育に励んだが、昭和 30 年代になると、多くの農家で牛との共同生活が終わった。〈橋本市隅田町下兵庫・昭和 34 年頃・提供＝松田孝男氏〉

◀籾干し　「はざかけ」後、脱穀して、籾をもう一度天日で3日ほど干した。野道など空き地に筵《むしろ》を敷いて籾を乗せ、ならし棒を使って凹凸なく広げる。1回ほどかき混ぜ、これを3～4日繰り返し干した。夕立などが降り出すと、慌てて筵をたたんだ。乾燥した籾は小屋の籾入れへ収納し、数日後、籾すり、臼を使って米と籾殻に分け、唐箕《とうみ》で籾殻を除去した。写真は現在の国道24号沿いのスポーツクラブ付近から南を写したもの。背景の山は紀ノ川の南の中道地区である。〈橋本市隅田町下兵庫・昭和34年頃・提供＝松田孝男氏〉

▼大滝の炭運びの女性　大滝周辺などの集落から高野山へ炭を運んだ。女性だけでなく、子どもも一度に10キロ以上の炭を担いで急な山道を進んだ。運ばれた炭は高野山の寺院や商家の燃料として使用された。〈伊都郡高野町大滝・昭和36年頃・提供＝高野町教育委員会〉

▼桶造り　紀伊山地の豊かな森林で育まれる紀州杉や紀州桧は良質な木材として知られるが、建材のほかにさまざまな木工品などにも使われた。〈伊都郡かつらぎ町花園梁瀬・昭和60年・提供＝花谷浩司氏〉

▶共同井戸　橋本市橋本地区は、伊勢（大和）街道、高野街道の宿場町であり、一六塩市が行われた紀ノ川の川港町であった。昔から当地区では炊事洗濯用の共同井戸が次々に掘られていた。しかし、昭和の終わり頃から町の再開発が始まり、懐かしい共同井戸も姿を消した。〈橋本市橋本・昭和50年代・提供＝瀬崎浩孝氏〉

▼たらいで洗濯　水を張った金だらいで手洗い。昭和前期にはよく見られた光景である。写真の頃には、「三種の神器」と呼ばれた白黒テレビ、電気洗濯機、電気冷蔵庫が、すでにこの地域でもあちこちの家で普及しつつあった頃である。〈橋本市東家・昭和38年・提供＝中田俊子氏〉

▲茅葺き屋根の民家　古くなった屋根を村中の人びとが共同作業で葺き替えている。〈伊都郡かつらぎ町花園梁瀬・昭和47年・提供＝花谷浩司氏〉

▶紀ノ川の清流でアユ狩り　アユ狩りは生計のためだけでなく、観光事業でもあった。夏には駅前の旅館案内に、必ずアユ狩りの看板が立てられ、見物のために観光客がやって来た。左手に見える鉄橋は南海高野線の紀ノ川橋梁。〈橋本市妻・昭和40年代・提供＝巽好彦氏〉

◀紀ノ川のアユ釣り　稚アユの放流も多く、天然ものの遡上も活発な紀ノ川。アユ釣りが解禁される初夏ともなると、休日には京阪神などから太公望が集まり、南海紀ノ川橋梁から橋本橋にかけて竿の放列ができ、腕を競い合う。〈橋本市橋本・昭和48年・提供＝北森久雄氏〉

▶紀ノ川の筏流し　吉野で切り出された木材は紀ノ川を下り和歌山港まで運ばれた。竹房橋辺り、和泉山脈を背景に2人の筏師が筏を操り進んで行く。〈紀の川市竹房・昭和20年代後半・提供＝辻本力氏〉

◀紀ノ川での織物干し　染色後、紀ノ川の河原で乾燥させた綿布を片付けている。その向こうに南海高野線の鉄橋や前畑秀子らが水泳練習に励んだ淵がある。この地方は江戸時代から木綿織物業が盛んで、特に高野口では明治の初め、再織の技法が創案され、「川上ネル」の産地として発展した。大正時代には光沢があり弾力性保湿性に富むシール織物が考案され、高野口町の織物業、編み物業は代表的な地域産業となった。〈橋本向副・昭和30年代・提供＝松田孝男氏〉

▶紀ノ川河原のシール織物
奥には南海高野線の紀ノ川橋梁が写っている。日本のふるさとを描く画家で知られる原田泰治がこの光景を描き、昭和57年の朝日新聞日曜版に掲載された。〈橋本市向副・昭和47年・提供＝北森久雄氏〉

▶秋蚕の収繭　紀ノ川筋は養蚕が盛んであった。大正11年には応其村（現橋本市）に養蚕試験場が設けられ、養蚕技師の育成に努めた。蚕は春、夏、秋、冬の年4回飼育された。〈橋本市内・昭和31年・提供＝橋本市役所〉

◀瓦干し　瓦干し用の横木に瓦を並べている。真っ白に乾ききるまで干した瓦は窯に入れられ、970度で本焼きされる。焚口の窯を閉めると青いガスが発生し、色づいた瓦が出来上がる。燃料は松の薪。瓦焼きは家族や親戚が中心となる家内工業だが、瓦磨きには専門の職人を雇っていた。〈橋本市小原田・昭和47年・提供＝北森久雄氏〉

▶あら川の桃　昔から紀ノ川の流域ではモモの栽培が盛んで、特に桃山町の安楽川地域で収穫されるものは「あら川の桃」としてブランド化されている。写真はモモの集荷場、安楽川名産と書かれた木箱にぎっしりとモモが詰められている。〈紀の川市桃山町段新田・昭和20年代・提供＝稲垣明美氏〉

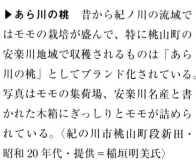

◀**スピードスプレーヤの試運転**　農業構造改善事業により、ミカン畑の共同防除のためスピードスプレーヤが購入された。他にも山の傾斜を緩やかにするため、県内で初めてブルドーザーによる開墾を行った。寒さに弱いミカンの木にはむしろが巻き付けられている。〈橋本市市脇・昭和40年頃・提供＝木下善之氏〉

▶**ミカン農家**　伊都郡の土壌はミカンの栽培に適した礫質《れきしつ》土《ど》で、その栽培面積は年々増えていった。昭和40年代に生産量は最も多くなり、かつらぎ町内の全農家のうち7割近くがミカン栽培に従事していた。〈伊都郡かつらぎ町内・昭和43年頃・提供＝かつらぎ町役場〉

◀**ミカンの選別**　明治時代からその販路を拡大していった伊都地方の温州みかんは、海外にも輸出された。伊都郡内では高野口駅、橋本駅からも積み出されていたが、妙寺駅、笠田駅からの方が輸送量が突出していた。〈伊都郡かつらぎ町妙寺・昭和43年頃・提供＝かつらぎ町役場〉

▶串柿を作るおばあさん　この地域は昔から柿づくりが盛んで、お正月飾り用の串柿をはじめ食用の干し柿もあちこちで作られている。家の軒先や干場に吊るされた干し柿の風景は、秋の風物詩としても知られる。〈伊都郡かつらぎ町花園梁瀬・昭和59年・提供＝花谷浩司氏〉

▼串柿作り　串柿は主に正月飾りとして作られ、かつらぎ町の四郷地区はその生産地として全国的にも名高い。収穫の秋から冬にかけて、山あいの小さな集落が橙色に染まる光景はまさに串柿の里にふさわしい。〈伊都郡かつらぎ町広口・昭和43年頃・提供＝かつらぎ町役場〉

◀マツタケ狩り　広大な山林を有する伊都・那賀地方。多くの人びとが春は山菜採り、秋はマツタケ狩りと行楽に訪れた。収穫した山の幸に舌鼓を打ち、仲間と七輪を囲んで日本酒を酌み交わす人びと。すきやき鍋にマツタケを入れるのが定番だった。〈橋本市内・昭和31年・提供＝橋本市役所〉

▶橋本町消防団　橋本町役場の前で記念撮影。団員たちの左にはオート三輪型の消防車も見えている。〈橋本市橋本・昭和27年頃・提供＝阪口繁昭氏〉

◀桃山町消防団第一分団　新しい消防ポンプを購入したときに八坂神社の境内で写したものと思われる。トーハツ製のポンプを囲んで誇らしげにパチリ。〈紀の川市桃山町段・昭和40年代・提供＝稲垣明美氏〉

▲紀ノ川での出初め式　橋本市では毎年1月10日前後の戎祭の頃に実施する。各地からたくさんの消防車が紀ノ川に集まり、一斉に空に向かって水を噴き上げる。手前は紀ノ川。給水ホースを川に差し込み、南山に向かって勢いよく放水している。〈橋本市向副・昭和38年・提供＝橋本市郷土資料館〉

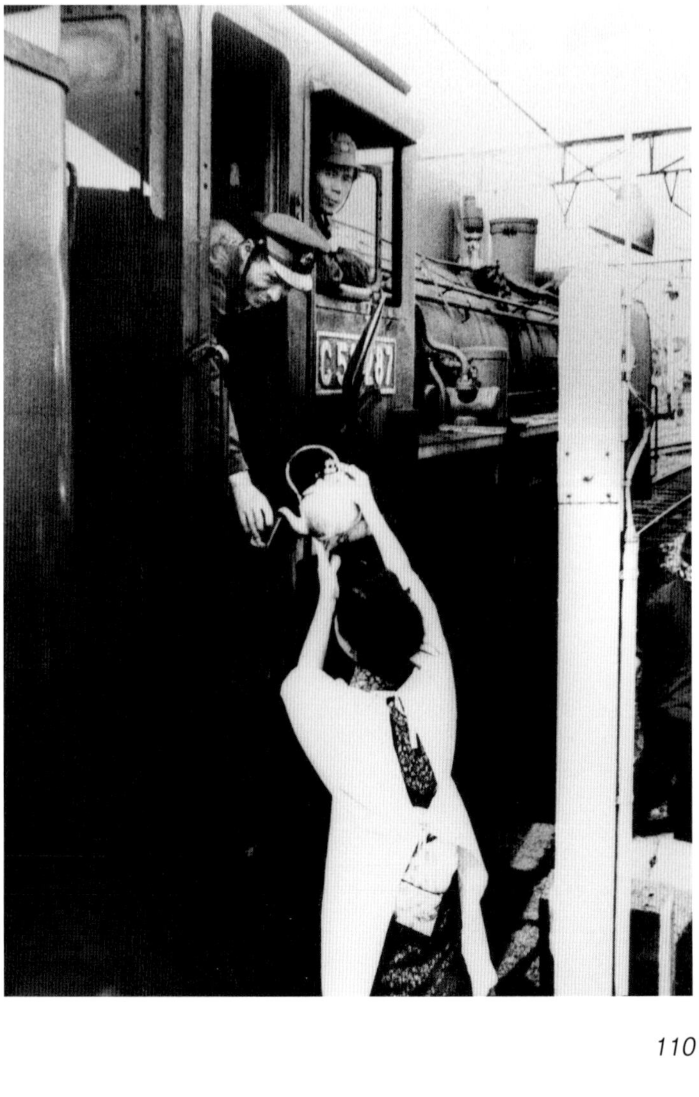

▶お茶の差し入れ　橋本駅構内に貨物列車が到着。お疲れさまと機関士にお茶を差し入れる家族は、列車の時間に合わせて官舎から駆けつけた。〈橋本市古佐田・昭和30～40年代・提供＝阪口繁昭氏〉

◀農協の購買車　橋本市農業協同組合が運営し、組合員を対象に各地を巡回した。公募で名付けられた「ひかり」と「みのり」の2台が、魚、肉、乾物、菓子などを積み、音楽を流しながら週に1～2回巡回、農村の主婦に好評だったという。〈橋本市上田・昭和43年・提供＝北森久雄氏〉

▶境原小学校を訪れた巡回文庫　当時の橋本市図書館は、中央公民館内に併設されていた。司書のいない、公民館職員が兼務する小さな図書館であったが、郊外に住む市民を対象に毎月1回、軽自動車のライトバンに小説など200冊余りを積んで貸し出しに出向いた。巡回地では、待っていた集落の主婦や子どもたちが読みたい本を探し、家でゆっくりと読書を楽しんだ。平成4年5月から現在の教育文化会館に移動した同図書館が移動図書館車「ブッキー号」に約2,500冊の図書を積んで、市内小学校や地区公民館など36カ所を巡回している。〈橋本市境原・昭和42年・提供＝北森久雄氏〉

◀魚釣り　隅田町下兵庫にある米山池か皿池でだろうか。昭和50年代頃まで子どもや太公望は紀ノ川や溜め池でフナやコイ釣りを楽しんだ。池は稲を育成するため、昔から各地に築造されてきた。橋本市には応其上人が修復した岩倉池、平谷池、引の池など大きな池がある。子どもが喜んだのは、稲作も終わる11月頃の池底洗いであった。池底の泥を流す行事で、泥に酔った大きなフナ、コイ、ウナギが水面であっぷ、あっぷとしていた。網や米通しでそれをすくった。魚は跳ね回り、泥水が顔にかかる。服はどろどろ。それでも子どもは必死に魚を追いかけた。〈橋本市隅田町下兵庫・昭和30年代・提供＝松田孝男氏〉

▲初午の餅まき　現在も続く早春の風景。両手両足を地面につけ、四つん這いで拾う人、ジャンプして受けようとする人などさまざまだ。餅まきの最後になると、薄く大きな鏡餅が宙を舞う。我を忘れて必死に拾おうとする、その瞬間の写真である。〈橋本市隅田町下兵庫・昭和35年頃・提供＝松田和子氏〉

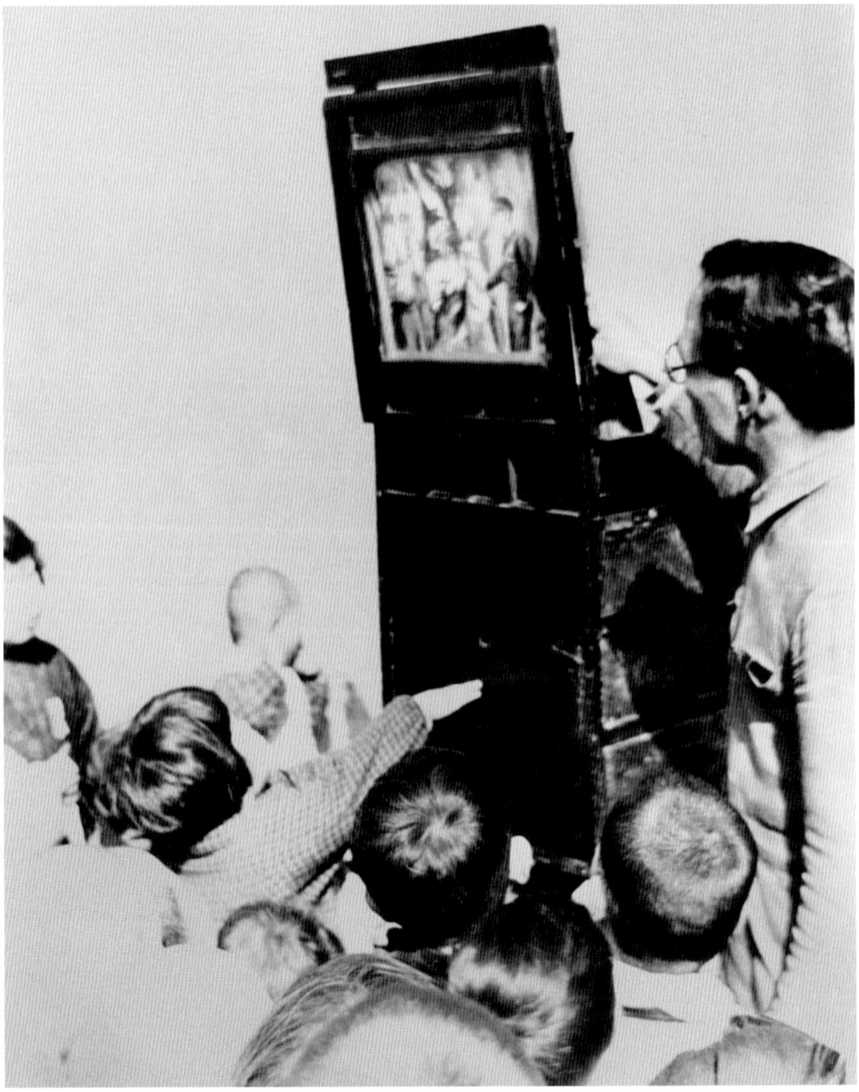

▶紙芝居がやってきた　自転車の荷台に紙芝居を載せたおじさんがやってくると、すぐに子どもたちがその周りを取り囲んだ。この日の会場はどこだったのであろうか。物が豊かになり、子どもたちの娯楽が増えると、こうした光景も見られなくなった。〈岩出市内・昭和30年代・提供＝岩出市民俗資料館〉

◀ラジオ体操　眠い目をこすりながら夏休みの初めと終わりの1週間ずつ行われたラジオ体操の会。写真は隅田小学校に通う中島地区の子どもたち。その奥には火の見櫓が立っている。〈橋本市隅田町中島・昭和40年・提供＝隅田小学校〉

▶家族で「シェー！」　マンガ『おそ松くん』に出ていたキャラクターのギャグポーズで、全国的に大流行していた。割烹着に腕カバー、長靴姿で少し照れているお母さんと、笑顔の子どもたち。お父さんが笑いながら撮ったという。〈橋本市小原田・昭和30年代後半・提供＝水田雅子氏〉

◀親子でフラフープ　この頃、日本でフラフープの大ブームが巻き起こった。お母さんと女の子は、同じ大きさのフラフープを器用に回している。〈橋本市小原田・昭和30年代・提供＝水田雅子氏〉

◀**大林スポーツプラザ①**　施設内のプールに設置されていた滑り台。10万平方メートルを超える敷地にはプール、ボート池やサイクルモノレールなどがあり、他県から訪れる人も多かった〈紀の川市貴志川町北・昭和53年頃・提供＝佐野良樹氏〉

▼**大林スポーツプラザ②**　施設内のローラースキー場。昭和50年代前半、大林スポーツプラザや貴志川ゴルフ倶楽部など、貴志川町内にレジャー施設が誕生していった。〈紀の川市貴志川町北・昭和52年頃・提供＝落合徹也氏〉

◀**大池遊園**　大池遊園を含む大池一帯は、県立公園条例により昭和29年、大池貴志川県立自然公園として、その第1号に指定された。写真のボートは普段から人気が高かった。桜の時期に撮影されたこともあり、花見客で特に賑わっている。〈紀の川市貴志川町長山・昭和52年・提供＝福島美恵子氏〉

▶小学校にテレビがやってきた　西貴志小学校が教材用に購入した白黒テレビ。昭和34年、皇太子ご成婚の模様がテレビで中継されることになり、テレビの購入者が増加、さらに同39年の東京オリンピックの開催に合わせ一般家庭に広く普及した。〈紀の川市貴志川町長原・昭和36年・提供＝西貴志小学校〉

▼七面大明神社殿の建て替え　大池遊園駅から東へ400メートルほどの場所に鎮座する七面神社。社殿はすでになく、更地となっている。この神社の氏子は、子どもが生まれるとお面を奉納した。社殿取り壊しで出てきたお面を被り、みんなでパシャり。〈紀の川市貴志川町長山・昭和60年頃・個人蔵〉

▶親子で選手宣誓　若もの広場のグラウンドで行われた子ども会の運動会。学校の運動会とは趣の異なる障害物競争や綱引きといった競技に親子が揃って参加し、楽しく体を動かした。種目によっては飛び入りあり、応援合戦ありの賑やかな運動会となった。現在は毎年10月に岩出市民運動会が大宮緑地総合運動公園で開催されている。〈岩出市根来・昭和57年・提供＝辻優人氏〉

◀**庚申山《こうしんざん》の桜祭りで**　農産物を売っているのは田原地区の「みのりグループ」の女性たち。グループは農業分野での女性進出を目指して作られた。ここは現在の高野口公園で、今も桜祭りにはお茶席を設けたり、ミカンなどの農産物直売を行っている。〈橋本市高野口町名倉・昭和62年・提供＝平田麻里氏〉

▶**庚申山で記念写真**　国鉄高野口駅から北へ約200メートル、桜橋を渡って庚申山へ登る。写真は田原地区の婦人会の面々。婦人会は地区行事にも参加していた。〈橋本市高野口町名倉・昭和30年代前半・提供＝平田麻里氏〉

◀**岩出町婦人会の盆踊り**　岩出小学校で踊りを披露した時の一枚。お盆になると、大宮神社の境内や公民館の広場で盆踊りをする光景がよく見られた。特に夏の盆踊り大会では、婦人会の女性たちが大宮神社の境内に立てられた櫓の上で太鼓や笛、ときにはレコードに合わせて賑やかに踊っていた。〈岩出市清水・昭和40年頃・提供＝辻優人氏〉

▶七五三の記念に　綺麗におめかしした子どもたちと一緒に、皆でパチリ。当時は七五三の写真は写真館はでなく、自宅前の道などで家族が撮った。後ろに見える建物は小林医院。〈橋本市隅田町中島・昭和25年・提供＝丹羽敦子氏〉

▼端午の節句　男の子が3歳のときの写真である。父親にカメラを向けられ、やや緊張した面持ちで写っている。立派な飾り物の数々から我が子の成長を願う両親の愛情が感じられる。〈伊都郡かつらぎ町中飯降・昭和36年・提供＝岡村哲明氏〉

▶七五三　貴志川町北にある丹生《たんじょう》神社にて。当時は子どもたちが、稚児装束を身につけて一斉に参拝していたという。〈紀の川市貴志川町北・昭和35～37年・提供＝林勝氏〉

◀成人式①　橋本小学校の講堂で開かれた。この頃女性は和服、男性はスーツ姿が多かった。〈橋本市車家・昭和40年代頃・提供＝橋本市役所〉

▶成人式②　橋本中学校体育館で行われた橋本市主催の成人式。今日の成人式といえば、女性は華やかな振袖姿で参加するが、この頃は婦人会などの呼びかけで贅沢な晴れ着姿を自粛する運動が行われ、スーツや背広姿で出席した。式後はフォークダンスなどを行い、楽しんだ。〈橋本市市脇・昭和42年・提供＝北森久雄氏〉

▶結婚式場に向かう新郎新婦　写真左の男性が新郎である。当時は「婿入り」といって、式当日に新郎が新婦を迎えに行き、2人揃って結婚式場に向かった。大和街道から少し北に入った集落で、道の奥に見える木々の辺りが笠田小学校。〈伊都郡かつらぎ町笠田東・昭和38年頃・提供＝辻優人氏〉

◀嫁入りトラック　嫁入り道具を積み込み、紅白の襷が掛けられたトラックが並ぶ。たんすや鏡台、布団に着物など、この日はトラック3台の行列である。〈紀の川市桃山町元・昭和61年・提供＝稲垣明美氏〉

▶結納の品々　結納品は金銭のほか、お酒やその肴《さかな》となる子《こ》生婦《んぶ》、寿留女《するめ》、松魚節《かつおぶし》といった縁起のよい名前を持つ食べ物が多かった。床の間に飾ったのは、結婚は神々に見守られた神聖な行為とする考え方があったためである。〈伊都郡かつらぎ町妙寺・昭和30年代前半・提供＝下村克彦氏〉

◀葬儀の列　棺をリヤカーに乗せて、甘露寺西側の墓地へ運んでいる。当時は土葬であり、近所の人たち総出で穴を掘るところから手伝った。〈紀の川市貴志川町長原・昭和45年・提供＝大﨑博氏〉

▶真言宗の葬列　当時は土葬が一般的で、写真は埋葬地に向かって進みはじめた葬列を写している。松明、目礼、鉦、供花、灯籠、四本幡、仏具、僧侶、位牌、棺、天蓋、会葬者が長い行列を作って埋葬地である三昧《さんまい》（地域北方の小高い丘）まで向かった。〈紀の川市北大井・昭和33年・提供＝梅田律子氏〉

◀三輪車でゴー　女の子たちの奥に写る草むらは、葦が生い茂っていた池。近所のお姉さんと一緒に田舎道を走る。〈紀の川市貴志川町岸宮・昭和34年頃・個人蔵〉

▶下駄を履く子ども　前掛けをする男児の足元は下駄履きである。前ゴムと呼ばれるズック靴が普及するのは戦後のことで、それまでは子どもの履物といえば下駄か草履が一般的だった。〈伊都郡高野町高野山・昭和 14 年・提供＝福形崇男氏〉

◀城山神社第 2 回正遷宮記念　城山神社の基となる神社は延喜 7 年（907）に創立され、明治 40 年に現在の名前に改称されている。約 20 年ごとに正遷宮が行われる。写真は当日参加した子どもたちの着物姿である。〈伊都郡かつらぎ町中飯降・昭和 23 年・提供＝岡村哲明氏〉

▶たらいで行水　当時のほとんどの家庭に見られたたらいは、普段洗濯などに使われていたが、夏場には子どもたちが涼を取るのにも使ったものだ。この日は庭先に出したたらいで兄妹仲良く水遊び。〈伊都郡かつらぎ町中飯降・昭和 36 年・提供＝岡村哲明氏〉

▲起き上がりこぼしと一緒　優しい表情の母親が、幼児と人形を抱いている。当時は写真のような起き上がりこぼしが大人気で定番の赤ちゃん向け玩具だった。背景にはほとんど家がなく、のどかな昭和の情景が広がる。〈橋本市隅田町中島・昭和30年・提供＝丹羽敬治氏〉

◀柿畑で遊ぶ子ども　親が働いている柿畑で遊んでいる女の子。この頃の子どもは家の手伝いを多くさせられた。ニワトリやヤギなどの家畜を飼う家では、ニワトリを小屋に追い込むのは子どもの仕事で、卵とヤギの乳は大事な食料であったという。〈橋本市小原田・昭和28年・提供＝水田雅子氏〉

▶家の前の道で凧《たこ》揚げ おかっぱの女の子が元気に凧糸の端を持って駆ける。昭和の頃は写真のような奴凧《やっこだこ》や手作りの凧を、道端や広場などで揚げたものだ。〈橋本市隅田町中島・昭和31年頃・提供＝丹羽敬治氏〉

◀単車に2人乗り 「川村自転車」の店先で、停められたオートバイに子ども2人が小粋にまたがっている。この単車は自転車店の店主が自ら組み立てたものだという。〈橋本市隅田町垂井・昭和30年頃・提供＝丹羽敦子氏〉

▲バイクと一緒に　バイクに手をかけたポーズが決まっている。バイクはYAMAHAの125YA-3だろうか。〈紀の川市桃山町段・昭和36年・提供＝稲垣明美氏〉

▼孫と自転車で　孫を自転車のフレームに座らせ、お使いに出かけるところをパチリ。おじいさんは丸眼鏡にちょび髭、ソフト帽と、いかにも昭和の男性像といった格好である。〈紀の川市北勢田・昭和34年・提供＝川口均氏〉

▶かわいい子猫　風呂場の前で子猫と戯れる姉と妹。親戚からもらってきた子猫で、ミーコと名付けた。初めて飼う猫を姉が大事に抱きかかえる横から、妹がなでている。17年間可愛がった愛猫である。〈橋本市隅田町下兵庫・昭和33年頃・提供＝松田和子氏〉

◀のどかな高橋川のほとりで　フナ釣りをする子ども。橋本市は良質な竹の産地であり、ヘラブナを釣るための「紀州へら竿」の生産が盛んである。〈橋本市隅田町霜草・昭和28年頃・提供＝丹羽敦子氏〉

▶紀ノ川で水遊び　おじいちゃんに見守られ、仲良く泳いでいる子どもたち。この頃は川で泳ぐのが当たり前だった。紀ノ川の水は美しく、アユやコイ、ウナギも捕れたという。〈橋本市隅田町中下・昭和26年・提供＝丹羽敦子氏〉

◀フラフープ遊び　フラフープを上手に回す女の子。昭和30年代、フラフープ遊びが流行し、子どもも大人も楽しんだ。1本だけでなく2本、3本と、腰を振って上手に回す子もいた。女の子のもんぺ姿がかわいらしく懐かしい。〈橋本市隅田町下兵庫・昭和33年頃・提供＝松田和子氏〉

▶桃の節句　お腹いっぱい食べて、思い切り遊んだあと、ひと休みしている少女たち。雛人形を飾り、菱餅、白酒、桃の花を供え、女児の健やかな成長を祝う桃の節句は、家族や近隣の人たちと山や河原に出て、ご馳走をいただく楽しい日でもあった。〈橋本市隅田町下兵庫・昭和30年代・提供＝松田和子氏〉

◀笑顔の子どもたち　信太神社の鳥居前の階段に座る信太保育所の幼児。この頃には、ズック靴が普及しはじめてはいたが、夏だからなのか子どもたちはみな草履を履いている。〈橋本市高野口町九重・昭和33年頃・提供＝平田麻里氏〉

フォトコラム　紀ノ川とともに生きる

本州一の降雨地といわれる奈良県の大台ヶ原を水源とする吉野川は、橋本市より下流を紀ノ川と名称を変え、紀伊水道まで流れる一三六キロの大河川である。

古代の吉野川・紀ノ川は大和政権と、瀬戸内や朝鮮半島を通じて中国大陸とを結ぶ、文化交流のルートとして繁栄した。両岸には古墳をはじめ飛鳥、白鳳、天平時代の寺院遺構が多く分布し、特に貴志川との合流地点周辺では、紀伊国分寺を中心に仏教文化の花が開いていたことがわかっている。

中世には高野山、粉河寺、根來寺など寺院勢力が台頭、南北朝期にはそれぞれ対立し、たくさんの山城を川沿いに築いて争ったことが『太平記』に描かれている。

紀ノ川は水量豊かな清流で、農地の灌漑や物流に大きな恩恵を与えてきた。近世に入ると、干魃の被害に悩まされてきた農民を救うため、大畑才蔵らにより小田井、藤崎井が開鑿され、紀州の穀倉地帯を豊かにするとともに、吉野の材木や橋本の塩、川上木綿、粉河の酢、鋳物などを運ぶ物流の動脈ともなった。江戸時代には川の管理も厳しく、紀州藩は「お留渕《とめぶち》」として川魚の許可なき捕獲を禁じた。

近代に入ると鉄道、道路網の発達で、物流は舟運から陸上輸送に移り、紀ノ川は子どもたちの遊び場となった。

夏休みに入ると大川縁《べり》はいつも小学生の河童たちで大賑わい、唇が紫色になるまで泳ぎ、冷えると背中を日射しにあてて皮膚を焦がした。ベルリンオリンピックで金メダルを獲得した前畑秀子、メルボルンオリンピックで同じく金メダルを獲得した古川勝を生んだのも、この紀ノ川という名のプールであった。

終戦後は、再三の台風や集中豪雨で紀ノ川が氾濫、多くの木橋を流失させた。特に昭和二十八年の集中豪雨で川は大暴れし、県内では約四、〇〇〇家屋が流失した。

上流に多目的ダムが設けられ、洪水時の流量調整、灌漑用水や電力の供給に大きく貢献してきたが、反面水量が減少し、生活排水の増加で汚濁も進んだことにより紀ノ川は水泳禁止となり、子どもたちも大河から遠ざかっていった。

（岩鶴　敏治）

▲紀ノ川の天然プール　紀ノ川の中州を利用して作られた橋本尋常高等小学校の練習用のプールの飛び込み台。同校出身で、のちにオリンピックに出場した前畑秀子、小島一枝もこのプールでその腕を磨いた。〈橋本市内・昭和初期・提供＝橋本小学校〉

◀妻の浦でのアユ狩り
南海高野線の紀ノ川橋梁下でアユを狙い、網を投げる漁師の技が見事に決まる。紀ノ川の豊かな恵みは川筋の人間にとって天からの頂きものである。背後に見える紀ノ川橋梁は、現在では鉄橋のアーチが変わっている。〈橋本市妻・昭和10～20年代・提供＝巽好彦氏〉

▲天然プール前で　天然のプールは紀ノ川だけでなく丹生川にも作られた。そのプールで切磋琢磨した九度山尋常高等小学校の児童たちの手には数々の優勝旗やトロフィーが輝いている。後方上部には飛び込み台もあり、当地では頭から飛び込むことを「かつとどし」と呼んでいた。〈伊都郡九度山町九度山・昭和初期・提供＝九度山小学校〉

▼リレー練習　明治末期徹水洞を作り、水を紀ノ川側に通して水田に送るため、丹生川をせきとめていたが、撤水洞などの改修で水位が上がったので、その場所に大正８年天然プールを設営した。昭和31年に町営プールが出来るまで、子どもたちはここで水泳の練習に励んだ。プールの向こうではたくさんの河童たちが顔を出している。後に、この天然プールで泳いだ子どもの中から青木政代（昭和27年ヘルシンキ）、大高幸子（昭和31年メルボルン）、下坊昌美（昭和35年ローマ）の３人のオリンピック選手が生まれた。〈伊都郡九度山町九度山・昭和初期・提供＝九度山小学校〉

▲紀ノ川で泳ぐ子どもたち　高野口尋常高等小学校の児童たちの紀ノ川での遊泳風景。遊泳禁止となるまでは、夏になると大人も子どもも紀ノ川へ泳ぎに出かけた。〈橋本市高野口町向島・昭和初期・提供＝高野口小学校〉

▼水量豊富な紀ノ川　当時の紀ノ川は水量が豊富で、まさに母なる川と呼ばれるのにふさわしく、住民の生活と密着していた。橋本橋の上から撮影したもので、写真中央上部、人影が見える岸辺が「わんど」と呼ばれていた場所である。オリンピック金メダリストの前畑秀子、古川勝などがここで育った。写真右奥の煙突はタバコ工場で、専売局と呼ばれていた。〈橋本市橋本・昭和20年代後半・提供＝谷口善志郎氏〉

5 戦後の出来事

主権在民の世へ。昭和二十年八月十五日正午、天皇陛下の太平洋戦争終結の玉音放送から日本の戦後は始まった。それまで現人神であった天皇陛下は、国民に親しくお声をかけられるようになった。

昭和二十三年、私が兵庫小学校六年生のとき、先生から「民主主義とは学習の時間割を君たち自身で作ることだ」と教わり、毎日三時間目は野球をして遊んだ。この年、紀の川祭が始まった。祭り期間中に橋本小学校で南海ホークスの選手の野球指導があり、子どもたちは選手のサインに歓喜した。またこの頃、学校給食が始まったが、角切りのサツマイモが五、六個入った味噌汁だけだった。生活物資は少なく、戦中と同様の質素倹約の暮らしが続いたが、それでも子どもたちは野原や川でのびのびと遊んだ。

昭和三十年頃から高度経済成長が始まり、技術革新によって人びとのくらしは急激に変化していった。家庭電化製品や自家用車の普及により、便利でゆとりのあるくらしができるようになった。昭和三十一年、橋本市出身の古川勝がメルボルンオリンピックの二〇〇メートル平泳ぎで金メダルを獲得。同三十五年、世界の大数学者・岡潔氏が文化勲章を受章。そして三十九年、東京オリンピックが開催され、聖火ランナーが日本中を駆け巡った。いずれの出来事も高度成長期にふさわしい光明であった。

一方、この頃夫婦共働きの家庭が増え、「鍵っ子」対策が社会問題となった。都市部への人口集中は山手集落の過疎化、専業農家の大幅な減少を引き起こし、かあちゃん、じいちゃん、ばあちゃんによる「三ちゃん農業」という言葉も生まれた。また、急激な技術の進歩は、自然や生活環境を破壊し、各地で公害問題が取り上げられるようになる。恵みを受けてきた紀ノ川や貴志川は、大腸菌汚染で遊泳禁止となった。

忘れてはならない悲劇もあった。昭和二十五年、ジェーン台風で龍門橋が被害を受けた。同二十八年七月十八日の未曾有の豪雨では、河川が氾濫し、人家の浸水や流出、田畑の埋没、道路や鉄道の損壊、山崩れなど大きな被害が出た。特に被害の大きかった花園村では、死者一一一人、行方不明者八五人にのぼった。三十四年には伊勢湾台風により橋本市が浸水。四十年、菖蒲谷子ども会の大阪港見学中に遊覧船「やそしま丸」が転覆沈没し、児童、保護者一九人の尊い命が失われた。

近年の阪神・淡路大震災、東日本大震災はもちろん、これまで経験した災禍の記憶を振り返り、安全なくらしを維持するため日頃から防災意識を高めることの大切さを今、ここに改めて感じている。

（瀬崎　浩孝）

▲岡潔の遺品　衣類や履物、文房具、著書が橋本市郷土資料館に展示されている。〈提供＝瀬崎浩孝氏〉

◀**橋本市誕生**　昭和30年1月1日、橋本町、岸上村、山田村、紀見村、隅田村、学文路村が合併し、橋本市が誕生した。写真の市制施行祝賀会は橋本小学校の講堂で開かれた。合併後橋本市の人口は3万2,180人となった。〈橋本市東家・昭和30年・提供＝ツハダ写真店〉

▶**橋本市制10周年を祝う①**　橋本市が誕生してから10年が経過し、橋本中央中学校の体育館で記念式典が開催された。当日は大橋副知事をはじめ、市民代表300人が参加する盛大なものであった。〈橋本市市脇・昭和40年・提供＝橋本市役所〉

◀**橋本市制10周年を祝う②**　橋本小学校講堂では郷土の芸能「乙女文楽近松座」の公演が開かれた。〈橋本市東家・昭和40年・提供＝橋本市役所〉

▲町村合併と龍門橋竣工記念祝賀行事　町村合併により新しい粉河町が発足したこの年、2年前の大水害で流失した龍門橋が新たに架け替えられ、町村合併と合わせてその竣工を祝う式典が行われた。写真は、会場となった粉河小学校に向かう人びと。小中学生も式典に列席した。〈紀の川市粉河・昭和30年・撮影＝橘信秀氏〉

▶高野町と富貴村の合併
昭和33年6月、町村合併促進法によって高野町と富貴村が合併した。この年は高野村が町制を施行してから30周年でもあり、10月15日から3日間にわたり祝賀行事が行われた。〈伊都郡高野町高野山・昭和33年・提供＝高野町教育委員会〉

◀▼東京オリンピック聖火ランナー　国道24号を橋本市方面に走っている。聖火リレー第2コースのランナーは大阪から和歌山を通って奈良、京都へ向かった。写真左に写る建物は文具店のもの。先導する白バイのヘルメットの形が懐かしい。〈伊都郡かつらぎ町中飯降・昭和39年・提供＝岡村哲明氏〉

◀聖火ランナーをお出迎え　隅田小学校の児童たちが、国道24号で聖火ランナーを歓迎した。道路に菊花の鉢を並べ、鼓笛隊を組んで盛大に出迎えた。〈橋本市隅田町垂井・昭和39年・提供＝隅田小学校〉

▶**古川勝選手の凱旋**
ベルリンオリンピックで金メダルを獲得した前畑秀子と同じ橋本小学校出身。幼少期から紀ノ川の母なる流れの中で育ち、昭和31年に初出場したメルボルンオリンピック200メートル平泳ぎで見事金メダルを獲得した。〈橋本市内・昭和31年・提供＝橋本市役所〉

▲**古川勝選手とオリンピック優勝の祝勝会**　メルボルンオリンピックで優勝した古川勝は、小学校から高校まで橋本市内の学校を卒業した。同級会の仲間たちで、戦後の水泳競技初の金メダルを祝っている。メダルを手にして微笑む写真中央の人物が古川。〈橋本市東家・昭和32年・提供＝巽好彦氏〉

▶**小さな親切運動**　城山台公園に並んだ傘に筆を入れる婦人たち。傘には「ひとりであそばない」など、子どもたちを守るための標語が書かれている。この傘は貸し傘として各所に設置された。〈橋本市城山台・昭和49年・提供＝阪口繁昭氏〉

◀役場のゴミ回収車　1週間に1度、ゴミの回収のために人口集中地区を橋本町役場の職員が荷車を曳いて回った。軒先に設置されたゴミ箱の中身を回収していったが、荷車は2台で十分であった。それほどに当時はゴミにするようなものはなかったのである。〈橋本市橋本・昭和28年・提供＝阪口繁昭氏〉

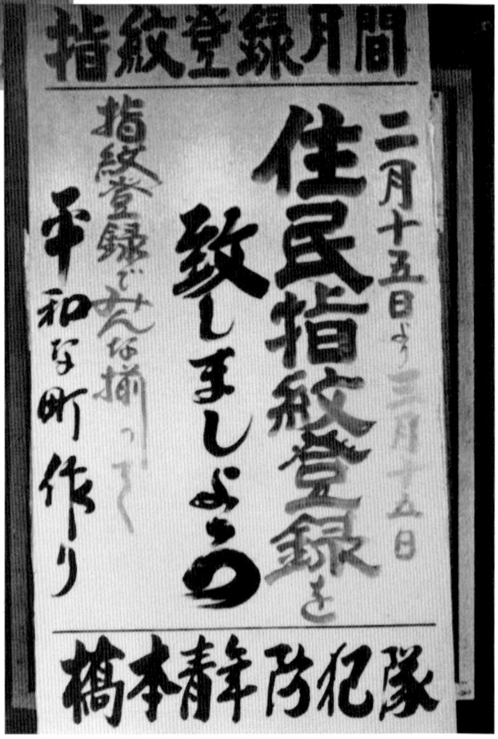

▶住民指紋登録の呼びかけ　防犯と明るいまちづくりのためにポスターを作成し、町民に呼びかけた。ポスターは民家や、ゴミの回収車にも貼り付けられ、多くの人が指紋登録に賛同したという。〈橋本市橋本・昭和28年・提供＝阪口繁昭氏〉

◀橋本駅前のヒロポン追放宣伝車　ヒロポンは、太平洋戦争以前から販売されていた覚せい剤の一種。疲労倦怠感を消し去る目的で使用されていたが、薬物依存性が高く、昭和26年の覚せい剤取締法により使用と所持が禁止された。写真の宣伝車も橋本町内を巡回し、禁止を呼びかけた。〈橋本市古佐田・昭和20年代・提供＝阪口繁昭氏〉

▲やそしま丸遭難者の合同葬儀　昭和40年、橋本市の菖蒲谷地区子ども会の団体を乗せた遊覧船が大阪港で沈没。子どもと保護者合わせて19人が犠牲となった。橋本小学校の講堂で行われた合同葬儀には多くの関係者らが参列した。〈橋本市東家・昭和40年・提供＝橋本市役所〉

▶北海道救援米　昭和31年北海道が記録的な冷害に襲われ、被害額は396億円に上った。この危機に全国各地から救援の手が差し伸べられ、橋本市からも救援米が送られた。〈橋本市東家・昭和31年・提供＝橋本市役所〉

◀前畑記念プール　昭和11年のベルリンオリンピック女子200メートル平泳ぎで金メダルを獲得した前畑秀子の栄誉を称え、当時の橋本町が古佐田の橋本川の川辺に建設した。同じく400メートル自由形で6位に入賞した小島一枝もこのプールで練習に励んだ。戦後は橋本高校水泳部員たちが利用したり、紀の川祭の水泳大会や水難訓練に活用されたりした。同56年頃まで使用された。プールの近くに住んでいた鳴戸敏子氏は「小島さんによく水泳の指導を受けた」と懐かしそうに話す。〈橋本市古佐田・昭和40年頃・提供＝北森久雄氏〉

▶老人大学の授業風景　60歳以上の市民を対象に、健康、生きがい、教養を高める目的で昭和47年に始まった3年制の橋本市老人大学。市の教育委員会が開設し、中央公民館が運営し、杉村公園にある光寿荘を学び舎とした。入学志願者は多く、抽選で定員25人とされた。書道、茶道、民謡、フォークダンス、囲碁、ゲートボールのクラブ活動などもあった。現在は「橋本市民大学いきいき学園」となり、学舎も教育文化会館の中央公民館研修室に変わっているが、今なお盛況である。〈橋本市御幸辻・昭和50年・提供＝北森久雄氏〉

◀橋本市農業祭　昭和31年、第1回農業祭が開催された。写真の場所は橋本小学校。野菜の品評会や演芸会などが行われた。〈橋本市東家・昭和31年・提供＝橋本市役所〉

▲山田吉原青年団の演芸大会　山田小学校山田分校で行われた青年団の第１回演芸大会の記念写真。時代劇の衣装姿の出演者が舞台上に並ぶ。〈橋本市山田・昭和32年・提供＝木下善之氏〉

▶貴志川河川敷で盆踊り　貴志橋の下に櫓《やぐら》が設置され、貴志川町北地区の盆踊りが開かれた。地区の青年団が中心となった催しで、当日は仮装行列も行われたという。〈紀の川市貴志川町北・昭和40年頃・提供＝林勝氏〉

◀**吉原山田地区民の運動会**　昭和41年7月、住民の親睦を目的として吉原山田地区民運動会が開催された。綱引き、パン食い競走、障害物競走など多彩なプログラムを楽しんだ。写真は、ビール瓶を釣り針のようなもので釣り上げて走る競技。会場は、山田国民学校第1校舎を利用して、昭和30年につくられた山田小学校分校。同53年に廃校となり、跡地には山田保育園や林業センターが建てられた。〈橋本市山田・昭和41年・提供＝北森久雄氏〉

▶**山田婦人学級**　橋本市内には、中央公民館が力を入れる婦人学級がいくつも開設されていた。農村の女性にとって、農業の合間に参加する婦人学級は唯一の学習の場であった。生き方や教材映画を利用しての話し合い学習から、料理や編み物などの講習会、レクリエーションなどプログラムは豊富であった。写真は山田小学校山田分校でペン習字に励む学級生。〈橋本市山田・昭和40年・提供＝北森久雄氏〉

◀**紀ノ川と貴志川改修工事の起工祝賀会**　大正12年に策定された「紀の川改修計画」に、昭和25年貴志川が追加され、築堤などの治水事業が開始された。しかし、同28年の7・18水害で紀ノ川流域に甚大な被害が出たことで計画を改定、さらなる改修事業が進められた。〈紀の川市打田・昭和25年・提供＝紀の川市役所〉

▲母の会の演芸会　大国座で行われた田中小学校母の会の演芸会のようす。写真提供者の母が大字の代表で出演した。〈紀の川市打田・昭和33年・提供＝田端康久氏〉

▼粉河高校の開校式　戦後、新制高等学校を設置することとなり、粉河町内では粉河中学校、粉河高等女学校がそれぞれ新制高等学校になる予定であった。しかし、高校数の削減により2校を合併して粉河高校が誕生、旧高等女学校校舎で授業が始まった。開校式ではそれぞれの生徒の対面式が行われた。〈紀の川市粉河・昭和23年・提供＝粉河高等学校〉

◀山崎地区の敬老会
山崎小学校の講堂で開かれた。舞台上では児童たちの鼓笛隊による「君が代マーチ」が披露されている。この講堂は昭和31年に新築されたものである。〈岩出市中黒・昭和42年・提供＝山崎小学校〉

▲名手公民館を訪れた皇太子ご夫妻　黒潮国体のため来県された折の写真と思われる。公民館から車で出発される際には多くの人びとが日の丸の小旗を片手に見送った。〈紀の川市名手市場・昭和46年・提供＝名手公民館〉

▶農林大臣を迎えて　かつらぎ町の農業センターを農林大臣・倉石忠雄が視察に訪れた。拍手で見送られている一団の、前から２人目が倉石大臣である。〈伊都郡かつらぎ町中飯降・昭和42年・提供＝和歌山県農林大学校〉

◀婦人会の踊り　相ノ浦小学校の運動会で花笠を使った踊りが披露された。運動会はスイカ割りなども行われ、大変盛り上がった。昭和35年頃が最も児童数が多かったが、以降急激に減少、現在相ノ浦小学校は廃校となっている。〈伊都郡高野町相ノ浦・昭和35年頃・提供＝高野町教育委員会〉

▶富貴中学校を訪問した合唱団「ひびき」　昭和41年8月、橋本市の合唱団ひびきが夏休み中の山の子たちに歌をプレゼントしようと、高野町の富貴中学校を訪問した。8月6日の夜は一般住民に、翌7日には中学生を対象に「大漁唄い込み」や「青春は雲の彼方に」など21曲を披露し、最後に皆で「バラが咲いた」を歌った。〈伊都郡高野町東富貴・昭和41年・提供＝北森久雄氏〉

フォトコラム　黒潮国体

昭和四十六年十月二十四日、秋晴れの紀三井寺運動公園陸上競技場にファンファーレが高らかに鳴り響いた。第二六回国民体育大会秋季大会の開会式である。

「明るく・豊かに・たくましく」をスローガンに、黒潮国体と名付けられた同大会の秋季大会には、県下一九市町村にそれぞれの競技が振り分けられた。橋本市は軟式高校野球、かつらぎ町は軟式庭球、高野町は剣道と山岳、粉河町はレスリング、打田町はハンドボール、岩出町はクレー射撃、和歌山市は陸上、バスケットボール、硬式高校野球、自転車、馬術、体操、ラグビー、相撲、柔道、海南市はソフトボールとライフル射撃、下津町はフェンシングなど。

開会式に先立つ十月十一日には、国体旗、炬火の県内リレー出発式が行われた。十月四日、高野町と熊野三山で採火された炬火は、六日に県庁前で集火、国体旗は岩手県から空輸され、白浜に入っていた。県下五〇市町村をくまなく回る総勢八、三七三人のリレー隊は、二十四日の開会式を目指し、たくましく疾走した。

ハンドボール競技の会場となった打田町では、七二チームの選手、役員を全員民宿で迎えるという異例のこととなった。民宿は各地区から総数四三〇戸が選ばれ、一、九一五人の選手、役員が宿泊することになった。それぞれの地区の入口には趣向を凝らした歓迎アーチが建てられた。そのため一年も前から料理や接待の心得の講習会が何回も開催されていた。また「花いっぱい運動」も行い、町のいたるところに国体の花・サルビアやマリーゴールドが町民の手により植えられた。

十月二十一日、選手団第一陣の沖縄チームが打田駅に到着した。駅前広場では、保育園児の鼓笛隊演奏や、民宿の人たちが出迎えて賑わい、国体ムードがさらに高まった。そして二十五日、打田中学校グラウンドで開会式が行われた後、六コートに分かれ熱戦が始まった。各地区の熱狂的な応援で、どの試合も大いに盛り上がった。

二十八日には、ハンドボール会場を常陸宮ご夫妻が訪れ、教員男子の部の優勝戦を観戦された。

民宿の人たちと選手たちの強い絆はいつまでも続き、結婚した選手が新婚旅行を兼ねて民宿先を訪れ、大いに歓迎されたことなど、その後の余話は尽きない。これが民宿国体の良さであろう。

（大井　一成）

▲黒潮国体開催で賑わう打田駅前　黒潮国体では打田町がハンドボール競技の会場地に選ばれた。玄関口となった打田駅前では、終日、地元小学校の児童や保育所の園児たちが鼓笛演奏で選手たちを出迎えた。町民も一緒になり、駅前は歓迎ムードで沸き返っていた。〈紀の川市打田・昭和46年・提供＝大井一成氏〉

▶国体前に町をきれいに　国体の花であるサルビアやマリーゴールドの苗は、各地区や家庭にも配布され、プランターや空き地、農地にまで植える「花いっぱい運動」が展開された。〈紀の川市打田・昭和 46 年・提供＝紀の川市役所〉

◀ようこそ選手の皆さん　打田駅構内のようす。柱には「ようこそいらっしゃいました　選手の皆さん　御健斗を祈ります」の看板が取り付けられた。「早くこないかな」と改札口の子どもたちも選手の到着を待ちわびているようだ。選手が宿泊する各地区の入口にも、それぞれ趣向を凝らした歓迎アーチが建てられた。〈紀の川市打田・昭和 46 年・提供＝大井一成氏〉

▶黒潮国体用の花の栽培　この年発足した農業大学校で国体の花の栽培が行われた。プランターに植えられた花は県内の各地に置かれた。〈伊都郡かつらぎ町中飯降・昭和 46 年・提供＝和歌山県農林大学校〉

▶応援の横断幕がかかる歩道橋　田中小学校前の国道24号（現県道14号）に架かる歩道橋にも歓迎の横断幕が掛けられた。手前には皆で植えた国体の花も見える。〈紀の川市打田・昭和46年・提供＝紀の川市役所〉

▲打田駅で選手を迎える子どもたち　打田駅前の広場に集まった保育園児たち。小旗を振って選手団を歓迎した。〈紀の川市打田・昭和46年・提供＝紀の川市役所〉

▶白熱の決勝戦　ハンドボール競技教員男子の部の決勝戦（スワロー兵庫対埼玉教員クラブ）でシュートを放つ兵庫代表の選手。地区住民総出の熱狂的な応援もあり、力の入った試合展開となった。延長戦の末、兵庫代表が優勝した。この試合は常陸宮ご夫妻も観戦された。〈紀の川市東大井・昭和46年・提供＝大井一成氏〉

▶高野山での炬火採火式
奥之院で採火された火は、同じく熊野で採火された火と和歌山県庁で集火され、黒潮国体の炬火となった。炬火はその後国体旗とともに県内各地を回り、開会式会場まで運ばれた。〈伊都郡高野町高野山・昭和46年・提供＝紀の川市役所〉

▲炬火リレー　高野山道路（現国道370号）の「かじかドライブイン」の前が高野山から下ってきた聖火の中継地点となっていた。高野山道路は当時はまだ有料であった。〈伊都郡九度山町上古沢・昭和46年・提供＝九度山小学校〉

▶炬火リレー中継地　中継地点で次のランナーへ炬火がリレーされる。沿道ではその瞬間を子どもたちが見守っている。〈紀の川市内・昭和46年・提供＝紀の川市役所〉

◀竹房橋を通過する国体旗リレー　県道７号粉河加太線の町境で粉河町からリレーされた炬火および国体旗は、打田町の黄金波打つ田園地帯を走り抜いた。写真は打田町の最終ランナーたち。紀ノ川に架かる竹房橋を南に渡ってすぐの場所で桃山町へ引き継いだ。〈紀の川市打田・昭和46年・提供＝大井一成氏〉

▶県道を走る炬火リレー　町境で粉河町から引き継がれた炬火は、県道７号粉河加太線を西へひた走る。対向車の運転手も車を停めてそのようすをしばらく見守っている。道の両側には黄金色の稲穂が波打っている。〈紀の川市打田・昭和46年・提供＝紀の川市役所〉

◀かつらぎ公園テニスコート　軟式庭球の競技会場となった。従来の国体用コートのラインは石灰を溶かして刷毛で引いていたが、地元の提案で、日本で最初の「ラインテープ」によるテニスコートとなった。背後の建物は、昭和42年に開校したばかりの紀の川高校である。同校は、平成30年３月に定時制、通信制高校としての51年の歴史の幕を閉じた。しかし、併設されていたテニスコート３面は前述の歴史があり、その保存が望まれている。〈伊都郡かつらぎ町新田・昭和43年頃・提供＝かつらぎ町役場〉

フォトコラム

台風銀座

私たちは自然からさまざまな恩恵を受けて生活している。しかし、自然は一度荒れ狂うと恐ろしい力を発揮し、尊い人命、多くの財産を奪う。伊都・那賀地方は紀ノ川の源流が多雨地帯ということもあり、何度も風水害に見舞われてきた。昭和九年の室戸台風、同二十五年のジェーン台風、三十四年の伊勢湾台風、三十六年の第二室戸台風による被害は特に大きかった。

また台風に限らず、集中豪雨がもたらす災害も数多く起きている。なかでも昭和二十八年の被害は甚大であった。六月から七月にかけて四〇日間もの長雨が続いた。七月十七日の夜から十八日の明け方にかけては滝のような、まるで「天と地が水でつながったような」想像を超える大雨となった。総雨量は平地で一七〇ミリ、山間部の多い所では五〇〇ミリに達した。それに伴う洪水が紀ノ川、丹生川、貴志川の流域で堤防決壊を引き起こし、住宅、農地の浸水流出は伊都・那賀地方の全域に及んだ。山地の土は水を含んで脆くなり、各地で山崩れが発生した。

とりわけ花園村（現かつらぎ町）を襲った山崩れは大きな被害となり、『よみがえった郷土』（昭和五十七年・花園村）によると、死者一一一人、流出全壊家屋一四一戸、田畑の流失七〇町歩に達した。大字北寺《きたでら》の集落は山津波で全滅。役場、農協、森林組合などの公共機関の壊滅、道路の寸断、農地の流出などが続いた。新聞が「花園村全滅か」と報じたほどだ。被害直後の地獄のような状況に、村民はなすすべもなく立ち尽くし、廃村の声さえあがった。食糧をはじめ、医薬品、日用品は県内の各機関、団体の救援部隊の徒歩による輸送で届けられた。そのうえ、九月二十五日には台風十三号が来襲し、被害に追い討ちをかけた。

このような二度の自然の猛威にも屈せず、村民一体となった新しい村づくりが始まった。国や県の支援を受け「ふるさとセンター」の建設、天然ダム跡の「緑地公園化」、大阪の「守口市との姉妹都市連携」などの事業が行われた。

現在、全国の農山村で急激に進行している過疎化、林業不振の波は、花園地区にも押し寄せている。平成十七年、北隣のかつらぎ町と合併し、地域の持つ豊かな自然の恵みを活用するふるさとづくりを目指して、新たな取り組みが始まっている。

紀ノ川とともに生きる伊都・那賀地方の人びとは、いつもはその静かで清らかな流れに心満たされている。しかし、過去何度も水害に悩まされてきた。今は堤防のかさ上げや補強によって本流の洪水は克服されつつあるが、支流やかつての遊水池による浸水の解消はこれからの課題となっている。

（下村 克彦）

▶北寺観音堂付近のようす 木々をなぎ倒し、民家を跡形もなく奪った崩落現場。三角の茅葺き屋根の北寺観音堂だけがかろうじて残ったが、集落は土砂に覆われてしまった。〈伊都郡かつらぎ町花園北寺・昭和28年・提供＝かつらぎ町役場花園支所〉

▼北寺の崩壊現場 この年紀州を襲った大水害（7・18水害）で、花園村で最も被害の大きかった北寺の遠望。ここだけで19戸の民家と93人の命が失われた。〈伊都郡かつらぎ町花園北寺・昭和28年・提供＝かつらぎ町役場花園支所〉

花園村（現かつらぎ町）は、中世の「花園荘」が近世に引き継がれ、その領域がほとんど変わらず近代に受け継がれた数少ない村落である。その大部分は有田川を挟んだ山林である。北寺は役場や中学校のあった花園村でも有力な集落であった。

◀ジェーン台風で被災した上岩出小学校①　昭和25年9月に徳島県に上陸したジェーン台風は、淡路島を経由し列島を縦断していった。上岩出小学校では校舎の壁板や瓦が剥がれ落ちる被害を受けた。〈岩出市水栖・昭和25年・提供＝上岩出小学校〉

▶ジェーン台風で被災した上岩出小学校②　屋根の瓦はほとんどが落ち、壁は角材で補強されている。ジェーン台風が過ぎるとすぐに校舎の増築工事が始まった。〈岩出市水栖・昭和25年・提供＝上岩出小学校〉

◀7・18水害　貴志川町の被害状況　豪雨により貴志川、鞆淵川、山田川が増水、諸井橋、高島橋が流失した。また、各所で氾濫が起き、貴志川流域の水田は60パーセント以上が泥土で埋め尽くされた。写真は災害後しばらくして撮影された一枚。左下に諸井橋の仮橋が架けられている。〈紀の川市貴志川町井ノ口・昭和28年・提供＝カットクラブオズ〉

▶7・18水害　岩出町の被害状況①　28水害ともいう。根來寺から紀ノ川に向けて流れる根来川が岩出町中迫付近で決壊、濁流が大宮神社付近に流れ込み、西野集落がすべて冠水、大宮神社まで一面湖となった。左の森は大宮神社。〈岩出市宮・昭和28年・提供＝岩鶴敏治氏〉

◀7・18水害　岩出町の被害状況②　増水した根来川が県道岩出・山崎線の高瀬付近で決壊。自転車に乗った男性が決壊部の濁流に落ちたが、大宮神社に泳ぎ着き、無事助かった。この水害をきっかけに、根来川の堤防に排水門が設けられた。〈岩出市高瀬・昭和28年・提供＝岩鶴敏治氏〉

▶7・18水害　高野町の被害状況　7月17日から18日末明にかけて、高野山の総雨量は452ミリであった。右手の森は奥ノ院。比較的水害が少ない高野山も一面が水に浸る有様であった。〈伊都郡高野町高野山・昭和28年・提供＝高野町教育委員会〉

▲紀ノ川水害①　昭和31年9月の水害では、住宅数戸が流される被害が発生した。写真は橋本橋北詰付近から撮影したもので、対岸は賢堂《かしこど》地区。和歌山県は頻繁に台風の通り道にあたることから「水害王国」や「台風銀座」などと呼ばれた。〈橋本市賢堂・昭和31年・提供＝木下善之氏〉

▼紀ノ川水害②　紀ノ川の氾濫により橋本の街は大きな被害を受けた。街中ではリヤカーやトラックを使い、人びとが助け合いながら総出で復旧作業にあたった。〈橋本市橋本・昭和31年・提供＝木下善之氏〉

▶**伊勢湾台風の被害**　国道24号と橋本橋の交差点。中央の「写真」の看板が掛かる建物は有田カメラ店、左は国道、「鶴の瀧」は酒の看板で、稲竹商店のものである。右手樹木の後ろの建物群は、江戸時代の伊都代官所跡に建つ伊都県事務所、橋本役場、橋本警察署などの官庁。被害を受けた家財道具を積んでいるトラックや、熱心に片付けに励む人びと。その後、多くの市民が支援に駆けつけた。〈橋本市橋本・昭和34年・提供＝橋本市郷土資料館〉

◀**伊勢湾台風による紀ノ川沿いの被害**　橋本橋北詰の水害風景。手前は増水していた紀ノ川、左上部は紀ノ川に流れ込んでいる橋本川。被害を受けた堤防と家財道具を洗う人びとの姿が見える。大きな建物は醤油を製造販売していた「稲竹商店」醤油工場。〈橋本市橋本・昭和34年・提供＝橋本市郷土資料館〉

▶**伊勢湾台風のほんまち通りの被害**　伊勢湾台風で増水した橋本川、紀ノ川が氾濫した後のほんまち通り。応其寺から南方を望んだ写真で、遠くに紀ノ川南の向副地区の山が見える。「山口の自転車」「トンボ鉛筆」「みそや」の看板のかかる道路の中央には、被害にあった大事な家財道具が集められている。呆然とたたずむ人びとの姿が痛ましい。〈橋本市橋本・昭和34年・提供＝橋本市郷土資料館〉

◀伊勢湾台風で水に浸かる商店街　応其寺から南にのぞんだ「ほんまち通り」。「みそや（呉服店）」「トンボ鉛筆（文房具店）」の看板が見える。刻々と増していく水かさをなすすべなく呆然と見つめる人びと。〈橋本市橋本・昭和34年・提供＝橋本市郷土資料館〉

▶伊勢湾台風後に橋に乗り上げた舟　写真は、橋本川に架かる国道24号の「御殿橋」を西方から撮影したもの。舟は浸水時に利用したもので、3台の自転車を載せている。水が引き、舟は動けない。橋の向こうの左2軒の建物は旅館後に豆腐製造工場となった。その左の白い建物は当時の橋本市消防本部で、1階が消防車庫となっていた。〈橋本市東家・昭和34年・提供＝橋本市郷土資料館〉

◀伊勢湾台風の被害を受けた橋本橋　紀ノ川に架かる橋本橋が水害を受け中央が落ち込んでいる。写真は橋本町から紀ノ川南岸の向副地区の集落を望んだもの。山が迫り、川岸まで民家などが建ち並んでいる。左手に鈴木肥料店、河合木綿工場、右手に寄谷商店、河合商店（三幸店）がある。陥没した橋の上を、人びとが往来している。増水しており危険な状態だ。〈橋本市橋本・昭和34年・提供＝橋本市郷土資料館〉

▶伊勢湾台風かつらぎ町新田の被害　台風が過ぎ去った後のかつらぎ町内のようす。元は田んぼと思しき場所は、どこからか運ばれてきた木材で覆い尽くされている。〈伊都郡かつらぎ町新田・昭和34年・提供＝かつらぎ町役場〉

◀伊勢湾台風後の片付け　橋本市橋本地区の商店街、松ヶ枝橋東方のほんまち通りでの浸水被害後の片付け風景。左側は手前から津守家庭生活用品店、みそや別館、山本表具店、西岡医院。右側は手前からまつや洋服雑貨店、溝辺時計店、魚好鮮魚店、火伏医院。木製のりんご箱は増水時に商品が水に浸からないように使われた。〈橋本市橋本・昭和34年・提供＝橋本市郷土資料館〉

▶橋本中学校災害復旧作業　昭和34年9月26日、中心気圧929ヘクトパスカルの猛烈な台風が和歌山県潮岬付近に上陸。紀伊半島から東海地方に進み、甚大な被害を及ぼし、後に伊勢湾台風と呼ばれた。この台風によって紀ノ川の橋本中学校（現橋本中央中学校）付近の堤防が決壊し、同校の床は15～20センチもの泥に覆われた。28日から教員や教育委員会職員、父母らが泥を運び出すなどの作業を行い、災害の復旧に努めた。〈橋本市市脇・昭和34年・提供＝北森久雄氏〉

◀台風 26 号で増水した橋本川
豪雨のたびに橋本川の橋下に流木が溜まったり、紀ノ川の増水した激流に橋本川の流水が阻まれるなどして浸水騒ぎが起こった。写真は、昭和 36 年 10 月 28 日の台風 26 号の影響で今にも溢れ出しそうな橋本川。中央の二階建ての建物は、同 32 年 3 月 16 日に完成した橋本市消防本部。御殿橋も危険な状態である。東家側から写す。〈橋本市東家・昭和 36 年・提供＝北森久雄氏〉

▶増水した紀ノ川　昭和 36 年の台風 26 号で紀ノ川が増水し、危険は状態な橋本橋。橋本市橋本側から写す。〈橋本市橋本・昭和 36 年・提供＝北森久雄氏〉

◀第 2 室戸台風　昭和 36 年に発生した台風 18 号は、戦前の室戸台風と同じような経路をたどったため「第 2 室戸台風」と呼ばれた。高野山では倒木が相次ぎ、隣接する建物や学校に被害が出た。写真は金剛峯寺境内の鐘楼堂だが、建物のようすがわからないほど、倒木で覆われている。〈伊都郡高野町高野山・昭和 36 年・提供＝高野町教育委員会〉

6　変わりゆく風景

戦後十年が経過した昭和三十一年、「もはや戦後ではない」という言葉が流行語となった。そして、昭和三十年代初めから四十年代終わりにかけての約二十年間、神武景気などの好景気が続き、日本経済は飛躍的な成長を遂げた。

これには伏線があると見る。「昭和の大合併」である。昭和三十年代初めに全国的に町村合併が進み、紀ノ川流域に連なる当地方も小さな村や町が次々と統合していった。伊都郡では昭和三十年一月の橋本市誕生を皮切りに、九度山町、高野口町（現橋本市）、高野町、かつらぎ町が、那賀郡では現在紀の川市になっている貴志川町、粉河町、那賀町、打田町、桃山町、現在単独で市になっている岩出町が相次いで発足、街の整備が始まった。

新しい自治体ができると、人口や予算規模等が膨らみ、市役所・町役場など新庁舎も完成、街に活気が出る。さらに、東京オリンピック後にモータリゼーションの波が到来。昭和四十年代中頃の都市計画法の施行や長期総合計画の策定などもあり、道路や公共施設、学校などの整備が急速に進み、街並みは変わっていった。また、東京オリンピックと大阪万博の開催は世の中に「変革」「発展」という強いインパクトを与え、人びとに自信を植え付けた。

橋本市では昭和五十年代から南海電鉄を中心とした民間デベロッパーによる大型住宅開発が始まり、北部の景観は一変した。山々が削られ、広大な宅地に高層マンションや新設校、新駅が出現、南海高野線も橋本駅まで複線化された。紀の川市から岩出市を結ぶ国道二四号岩出バイパスの両側には大型店が続々と進出、幹線道路の整備が街を大きく変貌させていくのを目の当たりにした。

変わらぬ風景も残る。平成の大合併でかつらぎ町に編入した旧花園村や、昭和の初めに町制を施行している高野町。合併しても、霊場・高野山が世界遺産となり外国人観光客が増加しても、里の景色やたたずまいはそう変わらない。紀伊山地の山懐を感じさせる原風景が今でもそこに広がっている。

今、ＪＲ和歌山線の車窓や国道二四号の車中から北を見ると京奈和自動車道、南には建設中の紀ノ川左岸広域農道・紀の川フルーツライン（橋本～粉河）が目に入る。京奈和道で橋本ＩＣから和歌山ＪＣＴまで約半時間で行けるようになり、眺望のすばらしいフルーツラインの緑の中を走ると、全国有数の柿の生産地を実感できる。岩出市を除いて少子化などで人口減が進み、商店街がシャッター化されて久しいが、伊都・那賀地方が今後どのように変貌していくのか、静かに見守りたい。

（高崎　正紀）

▲橋本橋付近のパノラマ写真　国城山山麓の橋本市賢堂から北方を眺めている。写真下は清水、賢堂、向副の集落。中央に紀ノ川、その右手に橋本橋。川向こうは左から、東家、橋本、古佐田、原田、妻の家々、高台の真ん中に橋本高校が建つ。さらに遠方に、昭和40年代後半から開発された、左から三石台、紀見ヶ丘、城山台、小峰台など新興団地の街が展開する。背景の山並みは金剛山地。左のくぼんだ所は紀見峠。大阪との境で、江戸時代には宿場があり、高野山参詣の旅人で賑わった。〈橋本市賢堂・昭和40年代・提供＝橋本市郷土資料館〉

◀**紀見街道踏切**　橋本駅西の踏切に自動遮断機が設置される直前の風景。中央の駅員は白旗を振り電車の運転手に安全であることを知らせている。当時の踏切は車1台がやっと通行できる道幅で、通勤通学の時間帯には大変混雑した。〈橋本市古佐田・昭和46年頃・提供＝阪口繁昭氏〉

▶**橋本橋付近の街並み**　東家の橋本電報電話局屋上から見た紀ノ川流域の風景。写真中央の橋本橋の少し下流に広がる家々の辺りは、古くは相賀荘《おうがのしょう》と呼ばれ、橋本町時代は新開地といわれた。この場所に、昭和28年6月7日、二階建てのアパートが建設され、その1階に食料品店や食堂、家具店、下駄屋、衣料店、菓子店、それに銭湯などが一斉にオープンした。しかし、後に紀ノ川の相次ぐ水害によって撤退を余儀なくされることとなる。〈橋本市東家・昭和45年・提供＝北森久雄氏〉

◀**橋本川の桜**　写真下に見えるのが松ヶ枝橋。橋の左側が東家商店街、右側がほんまち商店街となっていた。大きな桜の木の下には、ブランコやシーソーなどの遊具があるちびっこ広場がある。子どもたちの良き遊び場だった。台風シーズンになると、狭い橋本川が増水し、近隣住宅はたびたび床上浸水に見舞われたが、幸い家屋などが流失することはなかった。〈橋本市古佐田・平成元年・提供＝北森久雄氏〉

▲紀ノ川沿いの町屋　国道24号沿いに旅館、書店、呉服店、美術店、民家などが建ち並ぶ。築260年といわれる入り母屋造りや切妻造りなどの建物が多く、向副から紀ノ川の流れを挟んで眺めると、まるで小京都のような趣である。〈橋本市橋本・平成元年・提供＝北森久雄氏〉

▼紀ノ川の河原でキャンプ　現在の橋本橋辺り。河原では橋本小学校の児童たちによるキャンプが行われている。対岸には家が並び、中には川にせり出すように建っている民家も見える。〈橋本市向副・昭和41年・提供＝橋本小学校〉

◀橋本小学校卒業10年目の同窓会で国城山へ　ほとんどが中学校、高校卒業後に働き、大学まで進学した同級生はほんの少しであったという。同窓会で、恩師も一緒に、旧橋本小学校の南にある国城山へ登った。後ろには南海高野線の線路が見える。〈橋本市清水・昭和41年・提供＝中田俊子氏〉

▶田園地帯を走る南海高野線の列車　学文路駅を出た列車がのどかな風景の中を進む。写真後方には雨引山がそびえる。〈橋本市南馬場・昭和34年・提供＝森本宏氏〉

◀万葉歌の残る真土峠　奈良県五條市の犬飼山轉法輪寺付近から西方の真土峠を望んだ写真。中央にディーゼルカーが隅田駅を目指して走っている。真土峠には短歌2首、長歌6首の万葉歌が残る。万葉歌は橋本市で10首、伊都郡かつらぎ町妹背山で15首ある。〈奈良県五條市相谷町・昭和40年代・提供＝松田孝男氏〉

▶玉川峡　現在の九度山町と橋本市にまたがる丹生川上流の峡谷で、ふんどしや水着姿で遊ぶ子どもたち。現在でも豊かな自然が残っており、急峻な岩場から子どもたちが元気に川に飛び込む姿は今も健在だ。〈橋本市彦谷・昭和26年・提供＝橋本中学校昭和26年度卒業生「二・六会」〉

◀隅田町上兵庫辺りの国道24号　高橋川のやや西側から東を見た景色と思われる。まだ歩道が整備されていない国道24号をトラックが行き交うが、まだ交通量は少ない。〈橋本市隅田町上兵庫・昭和40年・提供＝隅田小学校〉

▲紀ノ川と鉄橋　橋本市古佐田上ノ町下の川岸と南海高野線の鉄橋。写真左端、日限地蔵付近の大木が見える。昭和34年の伊勢湾台風被害後の写真か、護岸工事が行われている。数名の人が立つ辺りの場所で、オリンピックに出場し大活躍した前畑秀子、小嶋一枝、古川勝が飛び込み練習を重ねた。プールのなかった昭和の初め頃、前畑や小嶋は、紀ノ川の底に縄で張られたコースの上を、櫻井純治や九鬼重利から厳しい指導を受けながら練習に励んだという。〈橋本市古佐田・昭和30年代中頃・提供＝橋本市郷土資料館〉

◀紀ノ川の増水を眺める人びと　紀ノ川の源流は、日本有数の降水地である奈良県の大台ヶ原である。橋本町は400年ほど前、応其上人が豊臣秀吉の援助を受けて開いた町で、元は古佐田村の低い荒地であった。多くの水害を受けてきた橋本町の人は、水害から身を守ろうと家に小舟を確保したり、家財道具を安置する棚を設けてきた。写真では、増水し赤く濁った荒れ狂う紀ノ川を人びとが心配そうに眺めている姿が写る。〈橋本市古佐田・昭和30年代中頃・提供＝橋本市郷土資料館〉

▶レンゲ畑と茅葺きの民家　この頃まで茅や藁で屋根を葺いた農家が多かった。田畑一面にレンゲが咲き誇っている。レンゲは稲作の肥料となった。前年に稲の防鳥用に立てていた人形の案山子《かかし》が、今年の豊作を祈って立っているようだ。懐かしい田園風景である。〈橋本市隅田町下兵庫・昭和30年代・提供＝松田孝男氏〉

◀国道に設置された信号機　国道24号中島交差点に信号機が取り付けられた。付近の隅田小学校に通う児童や、子どもたちを見守る交通自治班にとって待望の信号であった。〈橋本市隅田町垂井・昭和40年・提供＝隅田小学校〉

◀柿畑があったのどかな小原田　現在の京奈和自動車道の橋本IC辺りから北側の眺めである。写真右上、川沿いに国道371号が走っている。中心よりやや上、一列に続くスギの中程のこんもりしている所は牛頭天王神社。写真下側に柿の木が並ぶ。現在は柿畑の場所に南海電鉄の小原田検車区が置かれ、自動車道も通っている。〈橋本市小原田・昭和28年・提供＝水田雅子氏〉

▶線路脇を行く耕耘機　南海高野線の橋本駅と御幸辻駅の中間辺りから北を見ている。軽トラックも通れない山道などでは当時、柿の出荷や肥料の運搬などに一輪の手押し車や荷台付き耕耘機が使われた。線路の両脇に人ひとり歩ける程度の余裕があり、近隣住民はそこを生活道路にしていたという。〈橋本市小原田・昭和30年代後半・提供＝水田雅子氏〉

◀小原田の瓦屋　橋本市内のあちこちの土壌に「ネコツチ」といわれる良質の粘度が出土し、かつては市内の小原田、東家、河瀬、中島、霜草などに合わせて14軒、従業員300人の瓦製造工場があったが、昭和の終わり頃になると、淡路などの大量生産地に押され、4軒ほどの操業になり、やがて廃業に追い込まれた。市内の瓦工場では本瓦、地瓦、軒瓦、袖瓦、鬼瓦、のし瓦など、屋根に必要な瓦すべてを作っていた。〈橋本市小原田・昭和初期・提供＝北森久雄氏〉

◀**相賀《おうが》八幡神社へ続く道**　写真の砂利道は現在では舗装されている。周辺は変わらぬ田園地帯であるが、住宅が増えてきている。〈橋本市胡麻生・昭和30年代・提供＝水田雅子氏〉

▶**相賀八幡神社**　写真奥が相賀八幡神社。自家用車などまだなかった時代。提供者は水たまりのできるようなでこぼこ道を、何キロも歩いて家族で初詣に行ったという。〈橋本市胡麻生・昭和30年代中頃・提供＝水田雅子氏〉

◀**開発が進む城山台**　昭和43年南海電鉄は、広大な土地に、計画戸数1万4,000戸、計画人口5万人の「南海橋本林間田園都市」構想を打ち立てた。この構想に基づいて最初に造成が始まったのが城山台である。〈橋本市城山台・昭和56年・提供＝北森久雄氏〉

▲団地の開発　「紀見ヶ丘グリーンハイツ開発」の起工式が、昭和 57 年 5 月 13 日に行われた。紀見ヶ丘グリーンハイツは柱本、慶賀野地区に民間が開発した住宅団地。大阪府との府県境、国道 371 号紀見トンネルの手前東側に広がる丘陵地を開発し、住宅戸数 1,100 戸、居住人口 4,070 人の宅地を造成、分譲するものであった。〈橋本市柱本・昭和 59 年・提供＝北森久雄氏〉

▶恋野の田園風景
写真上部を紀ノ川が流れる。秋の稲刈り後に撮られたもので、写真には刈り取った稲を干す「はざかけ」が所々列になって写っている。〈橋本市恋野周辺・昭和 58 年・提供＝窪田憲志氏〉

◀恋野橋が架橋された頃の風景　南から眺めている。写真下側に紀ノ川に架かる恋野橋完成を祝う隅田中学校の「祝コイノバシ」の人文字が見えるが、橋はさらにこの南にあり、写真には写っていない。中央を左右に走るのは国鉄和歌山線。〈橋本市隅田町芋生・昭和27年・提供＝丹羽敬治氏〉

▲橋本市の空撮写真①　国城山上空から北を望んでいる。写真中央を左右に流れているのが紀ノ川。左上は山田川。手前の住宅群は清水地区である。中央に橋本中学校、右上に橋本小学校が見える。〈橋本市・昭和61年・提供＝木下善之氏〉

▶橋本市の空撮写真②　橋本市の中心市街地を望んでいる。写真中央が橋本駅。左は紀ノ川と橋本橋。橋本高校上空500メートルからの眺めである。〈橋本市・昭和61年・提供＝木下善之氏〉

◀橋本市の空撮写真③　橋本市の北部方面を空撮。城山台上空から柱本、紀見峠を望んでいる。写真中央の造成地は紀見ヶ丘グリーンハイツ。左は三石台団地。中央の道路は国道371号である。〈橋本市・昭和61年・提供＝木下善之氏〉

▶橋本市の空撮写真④　小原田、北馬場地区を望んでいる。写真中央に橋本川が流れている。写真左側が北にあたり、現在は京奈和自動車道が縦断している。上空400メートルから撮影。〈橋本市・昭和61年・提供＝木下善之氏〉

◀嵯峨谷川沿いの風景　嵯峨谷川の土手をぽつりと歩く人の横には国鉄中飯降駅方面へ向かう蒸気機関車が写っている。現在では、土手の道は舗装され、ガードレールもついている。〈伊都郡かつらぎ町中飯降・昭和38年・提供＝瀧脇収二氏〉

▶九度山小学校からの眺望　九度山駅の南、南海高野線の跨線橋の上には数人の児童が写っている。〈伊都郡九度山町九度山・昭和50年・提供＝九度山小学校〉

◀下古沢集落　写真中央の古沢小学校新校舎の建設記念で撮られた航空写真。写真左下、住宅が密集するのが下古沢集落。その中央を不動谷川が流れ、左側には南海電鉄高野線が上下に伸びる。かつてこの辺りには、弘法大師により伝えられたとされる厚手で丈夫な手漉きの和紙「古沢紙」を冬の副業とする家がたくさんあった。現在は１軒もなく、当時の道具や紙漉きの歴史などは九度山町立紙遊苑で見ることができ、また紙漉き体験もできる。〈伊都郡九度山町下古沢、中古沢・昭和48年・提供＝木下正兒氏〉

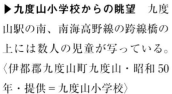

▲夏の高野山　女人堂の前の風景。現在は高野山駅からバスが通っているが、当時は歩いて坂道を登るしかなかった。この道を行くと女人禁制の境内へ通じる。まだ道路は舗装前だ。〈伊都郡高野町高野山・昭和33年・提供＝木下善之氏〉

▼峯手から望む紀伊山地　険しい山々の峰が雲海から突き出し、朝日を浴びて幻想的な風景を作り出している。寒さの厳しくなる晩秋から冬の朝には、こうした風景が時折見られる。〈伊都郡かつらぎ町花園梁瀬・昭和60年・提供＝花谷浩司氏〉

◀かつらぎ町東部の風景　写真左の白いコンクリート造りの建物は農業センター（現和歌山県農林大学校）で、その右の建物群は伊都高校園芸科（現紀北農芸高校）の校舎、さらに右手には同高校の果樹園が広がっている。まだ京奈和自動車道は建設されていない。左端の細長い建物は妙寺小学校。左側の山すそを紀ノ川が流れる。〈伊都郡かつらぎ町中飯降・昭和43年・提供＝和歌山県農林大学校〉

▲紀ノ川で魚捕り　三谷橋付近で子どもが網を持って魚を狙っている。紀ノ川は写真手前が橋本方面（上流）、奥が和歌山方面（下流）である。〈伊都郡かつらぎ町妙寺・昭和41年頃・提供＝岡村哲明氏〉

▲かつらぎ町役場付近　国道24号に面して北向きに建つかつらぎ町庁舎。かつらぎ町誕生時に妙寺町と伊都町の境界付近に建てられた。当時は人家も少なかった。〈伊都郡かつらぎ町丁ノ町・昭和38年・提供＝和歌山県農林大学校〉

▶紀州食品の旧工場の遠景　現在は河南の旧見好中学校跡地にある紀州食品だが、発足時は国道24号の北にあった。煙突は最近撤去されたが、工場の建物は今も倉庫として使われている。〈伊都郡かつらぎ町笠田中・昭和57年・提供＝かつらぎ町役場〉

◀**茅葺屋根の残る堀越集落**　堀越は東谷の小字で和泉山脈の南斜面にあり、この地にある堀越癪《しゃく》観音は近郷の人びとの信仰を集め、境内には県指定天然記念物のサザンカの老樹がある。〈伊都郡かつらぎ町東谷・昭和53年・提供＝かつらぎ町役場〉

▲**飯盛鉱山の鉱員住宅**　棚田のある斜面に点在する建物は飯盛鉱山で働く従業員の社宅である。飯盛鉱山は、大正8年から昭和43年の閉山まで古河鉱業が採掘を行っていた。〈紀の川市西脇・昭和28年・撮影＝橘信秀氏〉

◀**旧川原村**　現在の紀の川市馬宿辺りから西を見た光景。名手川上流域はかつて川原村であったが、昭和30年に長田村、龍門村とともに粉河町へ合併した。〈紀の川市馬宿～下丹生谷・昭和38年・提供＝川原小学校〉

◀索道のある光景　大正6年に名手駅と西脇の飯盛鉱山との間に貨物専用の飯盛鉱山索道が引かれ、鉱山から運搬された鉱石を鉄道で輸送していた。〈紀の川市西脇・昭和32年・提供＝佐田篤彦氏〉

▲庚申さんからの眺め　庚申さんの名で呼ばれる西方寺から南方を望む。現在は右端辺りに京奈和自動車道が建設されている。〈紀の川市上丹生谷・昭和38年・提供＝川原小学校〉

▼祝橋の新設工事　名手川に架かる祝橋の左（南）には新橋の橋脚が出来上がっている。その新橋から奥に続く道は、現在の県道126号粉河那賀線である。〈紀の川市下丹生谷・昭和38年・提供＝川原小学校〉

▲粉河寺門前町　秋葉山から西を望んでいる。中央の広い通りの突き当たりには粉河税務署が建つ。右手には中津川に架かる大門橋が見える。橋の左側（南）は、粉河駅に至る本町通りである。〈紀の川市粉河・昭和 31 年・撮影＝橘信秀氏〉

▶粉河駅ホームから南を望む　写真左手の白く見える建物群は、インスタントラーメン「ビタラーメン」の工場。その右手には紀ノ川に架かる龍門橋が見える。〈紀の川市粉河・昭和 39 年・提供＝川原小学校〉

◀長田観音寺参道の桜　当時、国鉄紀伊長田駅から長田観音までの参道は桜並木で、春になると花見も行われていた。写真は長田観音を背にして撮影したもの。今は桜はなくなり、代わりにマキの木が植えられている。〈紀の川市別所・昭和29年・撮影＝橘信秀氏〉

▶紀ノ川の藤崎井堰　右側が藤崎井頭首工、左側が荒見井頭首工。頭首工とは河川から用水を取り入れるために設置された取水施設のこと。川の奥に小さく見えるのは、龍門橋。〈紀の川市藤崎～荒見・昭和31年・撮影＝橘信秀氏〉

◀紀ノ川改修工事　竹房橋の少し下流から東向きに見ている。昭和25年、紀ノ川の改修計画が決定し、岩出から橋本まで堤防が築造された。写真左側ではその堤防工事が行われている。〈紀の川市竹房・昭和26年・提供＝田端康久氏〉

◀毘沙門堂の火の見櫓（警鐘台） 昭和11年、打田駅の北にある毘沙門堂の前に火の見櫓が立てられた。〈紀の川市久留壁・昭和24年・提供＝田端康久氏〉

▶海神《うながみ》川に架かる明神橋 大和街道沿いにある橋で、現在は架け替えられている。橋の向こうにそびえるのは龍門山である。〈紀の川市花野～尾崎・昭和13年・提供＝田端康久氏〉

◀花満開の国道24号　第26回国民体育大会の看板が立つ。ハンドボールの競技会場は打田中学校グラウンドだったが、雨天時は打田町民体育館となっていた。沿道には国体の花のサルビア、マリーゴールドが咲き競い、選手たちを温かく迎えた。花の苗は各家庭に配布、農地や空き地にも植えられ、町はたくさんの花で彩られた。〈紀の川市打田・昭和46年・提供＝大井一成氏〉

▶大和街道中井阪バス停付近　現在の和歌山バス中井阪バス停付近。左の森は西田中神社。黒潮国体開催時に撮影されたもので、電柱とその奥にも国体関連の看板が見える。〈紀の川市中井阪・昭和46年・提供＝紀の川市役所〉

◀奥安楽川中学校周辺の景色　中学校では運動会が行われ、グラウンドで「おけさ踊り」が踊られている。周辺は一面田畑がひろがり、後方には船戸山（御茶屋《おちゃや》御殿山）がそびえている。〈紀の川市桃山町元・昭和25年・提供＝荒川中学校〉

▶春の彼岸に　現在の紀の川市桃山町元あたりから西向きに撮られた安楽川村（現桃山町市場）の風景である。〈紀の川市桃山町元・昭和25年・提供＝田端康久氏〉

◀ミカン畑　ミカン狩りに来た親戚を農機のテーラーに乗せて、農園まで運んだ。農園ではミカンだけでなく、おでんやお酒を振る舞った。眼下には貴志川町の街並みが広がる。〈紀の川市貴志川町西山・昭和46年・提供＝台丸谷久実氏〉

◀人で溢れる紀ノ川　岩出橋から岩出鉄橋方面を写す。手前から鉄橋まで絶え間なく人の姿がある。紀ノ川が遊泳禁止となる前はよく見られた光景である。岩出鉄橋の奥にはまだ岩出頭首工が完成していない。〈岩出市清水・昭和30年頃・提供＝岩出市民俗資料館〉

▶岩出頭首工　昭和28年に宮、小倉井、四箇井、六箇井の井堰が流失したため新たにつくられた統合井堰。船戸側から撮影している。奥の家並みは、岩出町の清水地区。〈岩出市清水・昭和31年・撮影＝橘信秀氏〉

◀下中島南條邸の大イチョウ　北側から撮影。写真右端は紀ノ川の堤防、背景には御茶屋御殿山と鳩羽やまが連なる尾根が見える。当時周囲は田園地帯だったが、現在はイチョウの北側に国道24号のバイパス道路が敷かれ、大型商業施設が建設されている。イチョウの木は昭和41年に県の天然記念物に指定された。〈岩出市中島・昭和32年・撮影＝橘信秀氏〉

7 交通の変遷

和歌山県の北東部に位置し、大阪府と奈良県に県境を接する橋本地方は、古来、伊勢街道と高野街道が交差する交通の要衝であり、応其上人が塩市を開いて以来、紀ノ川を利用した舟運が盛んとなり、高野山の宿場町として物流の拠点であった。

鉄道は五条～和歌山（現紀和）間を紀和鐵道が建設し、明治三十三年には全通して、明治四十年に国有化されて和歌山線となった。紀勢線の建設が遅々として進まず、（紀勢線全通は昭和三十四年、阪和線国有化は昭和十九年）このため県下唯一の国鉄線として、有田みかんなど県下の産物を集約して全国発送する和歌山線は重要な路線であった。しかし、トラック輸送に押されて昭和五十九年に和歌山線の貨物営業は廃止され、同六十二年の国鉄民営化によってJR西日本の傘下となった。

一方、大阪からは、高野登山鐵道が高野街道に沿って建設を進めてきた現高野線は、大正四年に橋本に到達し、和歌山線と連絡した。さらに、紀ノ川に架橋し、南海鐵道として大正十四年に高野山（現高野下）に達した。続いて、高野山電気鐵道が極楽橋までの鉄道線と高野山上までのケーブル線を昭和五年に完成させ、ここに大阪と天下の霊場、高野山を結ぶ路線が完成した。この高野山電鐵が、昭和二十二年に南海電気鉄道と社名を変え、わが国の大手私鉄の一員として通勤通学客輸送や観光客輸送に活躍している。

他方、那賀地方では、和歌山市から東に向かって伸びていた山東軽便鐵道が和歌山鐵道と社名を変えて昭和八年に貴志に到達し、昭和十八年に電化された。戦後の和歌山鐵道は和歌山電気軌道、南海電鉄、和歌山電鐵と経営主体が変わったが、沿線住民の足として重要な役割を担っている。

忘れてはならないのは、高野営林署運営の森林鉄道と高野索道、紀和索道などの索道群の存在である。日本最古の森林鉄道として明治中期に開通した高野山森林鉄道は、九度山町の高野営林署貯木場から高野山系各地に路線網を伸ばしていた。木材の搬出だけではなく、「トロッコ」と呼ばれて地域住民の生活物資運搬に貢献していたが昭和三十四年に全線が廃止された。

索道とは、貨物用ロープウェイで、高野索道は、明治末期に九度山町と高野山間を繋ぎ、鉄道開通前の高野山への物資輸送に欠かせない存在だった。紀和索道は大正中期に橋本と奈良県野迫川村間を結び、木材、高野豆腐などの産物、奥地住民への生活物資を運んでいた。ほかにも大和索道、飯盛鉱山索道、奥安楽川索道、竹房索道等が知られていたが、すべての索道は昭和三十年代までに廃止されて今はない。

道路は、昭和三十年代になって漸《ようや》く整備が始められ、和歌山電気軌道バス（現和歌山バス、和歌山バス那賀）が国道二四号線に橋本～和歌山市間の路線を開設。道路整備の進捗に従って、和歌山線各駅から山間部へのバス路線を拡充していった。橋本、高野山地区では、南海電鉄バス（現南海りんかんバス）が順次、高野線各駅から路線を拡げていった。

以上のように、紀北地方の交通体系にとっての昭和は、まさに激動の時代であった。

（森本 宏）

◀橋本駅に列車が到着　朝のラッシュアワーで、ホームには大阪方面に通う学生や通勤客、国鉄和歌山線からの乗り継ぎ客たちで溢れている。4両編成の電車が始発の極楽橋駅を発車、途中8駅に停車し、橋本駅に到着。ドアが開くと空席めがけて人がどっと流れ込み、車内はほぼ満員となる。橋本駅のこの年の1日平均の乗降客は1万740人であった。〈橋本市古佐田・昭和45年・提供＝北森久雄氏〉

◀隅田駅のC58形蒸気機関車　写真中央が隅田駅舎。駅から右奥に日本プレスコンクリート工業(現ジオスター)橋本工場があり、引込み線が続いていた。C58形蒸気機関車は、地方線区向けの貨客両用機で、約400両が製造され全国に配置された。〈橋本市隅田町芋生・昭和47年・提供＝北森久雄氏〉

▶下兵庫駅開業の修祓《しゅうばつ》式　和歌山線の橋本駅と隅田駅の中間に下兵庫駅が新設開業した。地元は喜びに湧き、始発列車出発時に橋本、隅田の両駅長、地元区長たちが出席し、隅田八幡神社宮司による修祓式が執り行われた。〈橋本市隅田町下兵庫・昭和43年・提供＝森本宏氏〉

◀紀の川祭の準備をする橋本駅前　正面は木造の橋本駅駅舎。駅前通りの道幅は現在も変わっていない。左側に三角亭食堂、右側に丸屋旅館が見える。〈橋本市古佐田・昭和31年・提供＝橋本市役所〉

▲鉄骨造の橋本駅　昭和 34 年、木造駅舎が総工費 1,500 万円で、近代的な鉄骨の駅舎に建て替えられた。当時駅前は、大阪や和歌山への通勤客、橋本、伊都、笠田高校の通学生、橋本の各商店街の買い物客などで賑わった。橋本駅は紀和鉄道により明治 31 年 4 月に開業した。当時の商人・村木重次郎氏の日記には「四月十日（日曜）天気晴レ午後曇　紀和鉄道橋本駅迄行ク　工事竣成ニ付キ　本日開業式ヲ挙行セリ　父上ハ会社ヨリ招待ヲ受ケタルニ依リ列車ニ塔シテ五条二見駅迄参ラレタリ…」とある。〈橋本市古佐田・昭和 30 年代・提供＝橋本市郷土資料館〉

▶雪景色の橋本駅ホーム　コートを着込んだ男性たちは田原区の消防団団員。駅の跨線橋には「大正元年九月　鉄道院」と書かれた標柱があり、三代目駅舎改築で跨線橋が取り壊された後は、柱だけが丸山公園にある地蔵菩薩像の脇に保存されている。〈橋本市古佐田・昭和 40 年代前半・提供＝平田麻里氏〉

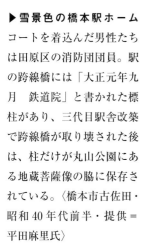

▲中飯降駅へ到着したキハ17形気動車　この路線で主として使われていたキハ35形はベンチ型のロングシートだが、キハ17形はボックス席のクロスシートで、乗り心地が良かったという。写真の車輌はキハ17形の中で一番古いもの。当時は天王寺から和歌山線経由で和歌山まで結ぶ直通列車があり、1時間に1本運行されていた。〈伊都郡かつらぎ町中飯降・昭和46年・提供＝河島潤氏〉

▼和歌山線妙寺駅　明治33年、紀和鉄道笠田駅、粉河駅とともに開設された。写真はこどもの日に撮影され、祝日のため日の丸が左右に揚げられている。奥に見えるホームには、貨物列車を曳いて王寺方面へ向かうC58形蒸気機関車が停車中。〈伊都郡かつらぎ町新田・昭和46年・提供＝河島潤氏〉

▶和歌山線笠田駅　現在とは瓦の形が異なっている。現在は民間に業務委託しているが、駅北側には笠田高校もあり、乗降客が多い。〈伊都郡かつらぎ町笠田東・昭和62年・提供＝かつらぎ町役場〉

◀改修された粉河駅　和歌山線の主要駅である。昭和30年12月19日、新しい国鉄粉河駅が落成した。かつて木造瓦葺きだった駅舎はコンクリート造に変わった。奉祝提灯や万国旗が飾られたホームに立つのは当時の駅長。〈紀の川市粉河・昭和30年・撮影＝橘信秀氏〉

▶和歌山線打田駅　黒潮国体ハンドボール競技の会場となった打田町の玄関口。打田駅構内も国体旗や日の丸の小旗で飾られ、歓迎準備が整っている。構内には、プランターに植えられた国体の花もたくさん並べられた。〈紀の川市打田・昭和46年・提供＝大井一成氏〉

▲和歌山線岩出駅駅舎とタクシー　岩出駅は明治34年に紀和鉄道の大宮仮停車場として開業した。岩出は警察や県振興局などが集まる那賀地域の中心街でもある。〈岩出市高塚・昭和40年代後半・提供＝岩出市民俗資料館〉

◀単線時代の紀見トンネルを出る高野線電車　南海高野線が橋本まで複線化されたのは平成になってからのこと。紀見トンネルは大阪府と和歌山県にまたがる全長1,561メートルのトンネル。大正3年、高野登山鉄道によって開通した。〈橋本市矢倉脇・昭和32年・提供＝森本宏氏〉

▶建設中の林間田園都市駅 山を縫うように走る南海高野線。御幸辻〜紀見峠間に新駅を建設するため、在来線の横でホームの工事が進む。完成すれば、難波行きと高野山行き、3線2面の長さ135メートルのホームとなる。現在はすべての列車が停車する駅で、約9,000人の乗降客が利用している。〈橋本市三石台・昭和56年・提供＝北森久雄氏〉

◀雪の御幸辻駅 大正4年開業当時そのままのプラットホーム。単線であった頃上下線でひとつのホームは、大都市大阪の人たちにとって「公園のような駅」に見えたという。春休み、夏休みには、都会の子どもたちが写生に訪れることもあった。雪化粧した駅の下りホームに「ひげさん」の愛称で親しまれているズームカーが停車し、列車対向待ちのため上り電車を静かに待っていた。〈橋本市御幸辻・平成3年・提供＝北森久雄氏〉

▶瀬間滝付近を走る南海高野線 橋本川に沿って単線の列車が大勢の乗客を乗せ、難波に向けて走る。先が急カーブになり、ゆっくりと進む。時々国道を走る車が列車を追い越していく珍風景も見られた。昭和50年代までの瀬間滝は、山裾を橋本川、旧国道170号、南海高野線が集中していた。現在は背後の山中を高野線の複線トンネルが通じ、国道は整備され371号となっている。道路沿いに見られる建物は、ここで営業していた豆腐店である。〈橋本市小原田・昭和30年代・提供＝北森久雄氏〉

▶洪水の「紀ノ川鉄橋」を渡る電車　南海高野線紀ノ川橋梁は、人びとに「鉄橋」の名で親しまれており、全長217メートル。大正年間に架橋されたが、橋脚は石造りで度重なる洪水にもビクともせず、当時の優秀な土木技術に驚かされる。現在、この鉄橋は国の近代化遺産に指定されている。〈橋本市向副・昭和31年・提供＝森本宏氏〉

▲極楽橋駅のケーブルカー　高野山へ登るケーブルカーは、昭和5年に高野山電気鉄道によって開通した。この車両は二代目で、高野山開創1150年記念大法会に備えて、同39年に現在の三代目2両連結車に取り替えられた。〈伊都郡高野町高野山・昭和35年・提供＝高見彰彦氏〉

▶極楽橋駅の上からケーブルカーを見る　高野山ケーブルは延長800メートル高低差330メートル。写真の人びとは高野街道を歩いて高野山へ登っているところである。極楽橋を越えると、不動坂と呼ばれる急な坂道になる。高野参りに鋼索線が開通するまでは、不動坂を幾人もが牛に付けた縄にすがり付き、引っ張らせて登ったという。〈伊都郡高野町高野山・昭和32年・提供＝巽好彦氏〉

▲高野山の乗合馬車　高野山内をのんびりと歩く観光用の乗合馬車。帽子をかぶった馬が歩くと、ユーモラスな姿に道行く人から笑いが起きていた。高野山の風物詩として親しまれていたが、昭和59年の春に姿を消した。〈伊都郡高野町高野山・昭和59年・提供＝北森久雄氏〉

▶高野山の有鉄タクシー　道の奥に見える建物は今はない長谷川食堂。タクシー車庫も今はガソリンスタンドになっている。この辺りは、大門から壇上伽藍や総本山金剛峯寺へと続く高野山のメインストリートである。〈伊都郡高野町高野山・昭和33年・提供＝高野町教育委員会〉

▲玉川林道経由でバスが開通　昭和31年11月18日、橋本駅前〜高野山駅前間に南海電鉄バスが運行を開始した。写真は開通日のようす。狭い道なので、小型バスが使用された。沿線の過疎化で徐々に路線が短縮され、最後に清川橋〜高野山駅前間が平成22年に廃止された。玉川林道は昭和50年に国道371号となった。〈橋本市内・昭和31年・提供＝橋本市役所〉

▼右見て左見て　大和街道と高野街道が交差する通称「四ツ辻」のようす。道路脇には古色蒼然たる石の道標があり、橋本小学校の通学路でもある。当時はまだバスが運行していたが、四ツ辻では必ず一時停止が求められていたという。〈橋本市東家・昭和40年代・提供＝阪口繁昭氏〉

▶花のあるバス停　橋本駅から岸上経由下吉原行きのバス路線8.9キロが昭和34年7月に開通した。1日8便だが、川東バス停では、地域の人たちが植えた花が満開を迎え、バス停で待つ乗客を和ませていた。近くの菖蒲谷には、関西花の寺、第24番の子安地蔵寺がある。〈橋本市山田・昭和48年・提供＝北森久雄氏〉

▲恋野橋の渡り初め風景　紀ノ川の隅田、恋野間には長い間橋がなく、地元民待望の橋の完成だった。渡り初め式には隅田祭りのだんじりも出て大賑わいであった。手前のバスは隅田郵便局の臨時出張所。しかし、この翌年の昭和28年、7・18水害で流失してしまい、同29年に改めて現在の橋が架けられた。〈橋本市隅田町芋生・昭和27年・提供＝丹羽敬治氏〉

▼新装なった橋本橋　橋本市橋本と対岸の向副を結ぶ、紀ノ川に架かる橋。天正15年（1587）に応其上人が130間（約236メートル）の橋を架け、ここから「橋本」の地名が生まれた。3年後流失し、その後しばらく横渡し舟が運行した。現在の橋は和歌山県が事業主体となって昭和46年に着工、総工費およそ9億円をかけて完成した。幅員11メートル、長さ256メートル。今も物資や人が賑やかに行き交い、橋本市の産業、交通、文化の要路となっている。〈橋本市橋本・昭和53年・提供＝橋本市郷土資料館〉

▶新しい橋本橋の工事　昭和7年頃に恒久橋として架橋されたが、通行車両の増加と大型化によって、当時の幅員では車のすれ違いが困難になった。また、老朽化と相次ぐ災害による傷みが進み、併行して新橋を架けることとなった。同48年に新橋の橋脚が完成した。完成し通行ができるようになったのは53年8月15日、紀の川祭の初日だった。〈橋本市向副・昭和48年・提供＝北森久雄氏〉

◀龍門橋の仮橋　昭和25年のジェーン台風、同28年の7・18水害で龍門橋が流失。粉河と龍門地区間の交通を確保するため、紀ノ川に歩行者、自転車用の仮橋が架けられた。建設当時は中学生も砂利撤去などの作業に駆り出されたという。同30年の新しい龍門橋完成まで使用された。〈紀の川市粉河・昭和30年・撮影＝橋信秀氏〉

▲荒見から見た龍門橋建設工事　たびたびの水害により流失した龍門橋を、近代的な橋に架け替える工事が行われている。昭和 30 年 7 月に竣工、現在も地域の生活に欠かせぬ橋となっている。平成 14 年 6 月、ここから上流に新龍門橋が架けられた。〈紀の川市粉河・昭和 30 年・撮影＝橘信秀氏〉

▼竹房橋　桃山町段新田から撮影したもの。写真手前のハンドルがある設備は、桃山町への水の取入口。海南市に繋がる国道 424 号の開通により、現在は写真の 50 メートル程上流に新しい竹房橋が架設され、この橋は取り壊された。取入口も、上流の荒見井とトンネルで接続されたため、今はない。〈紀の川市窪・昭和 32 年・撮影＝橘信秀氏〉

◀岩出護岸　紀ノ川の護岸工事をしているところ。トラックが通るのは旧国道24号であった岩出橋。その奥に橋脚だけ見えるのは和歌山線の鉄橋である。さらに奥には岩出頭首工がある。〈岩出市宮〜船戸・昭和32年・撮影＝橘信秀氏〉

▶岩出の渡し舟　昭和20年代までは、紀ノ川流域では橋も少なく、各地で両岸を繋ぐ渡し舟が見られ、地域住民の足として欠かせないものだった。〈岩出市内・昭和20年代・提供＝岩出市民俗資料館〉

▲紀見トンネル工事　国道170号（現371号）の紀見トンネルは、橋本市と河内長野市を結び全長1,453メートル、車道幅員6.5メートル、全幅員9メートル。トンネル工事は、昭和41年に着工、同43年に貫通、その翌年の3月5日に開通した。写真は橋本市側のトンネル入口付近。〈橋本市柱本・昭和43年・提供＝北森久雄氏〉

▶風吹峠のトンネル
県道63号泉佐野岩出線の府県境のトンネル。通称根来街道と呼ばれ、車の通行量が多い。写真は旧トンネルで、新トンネルが完成したため現在は閉鎖されている。〈岩出市根来・昭和50年代・提供＝岩出市民俗資料館〉

▲国道バイパス工事　国道170号（現371号）の小原田から東家山を経て、市脇の国道24号を結ぶ1,588メートルの国道バイパス。昭和44年に着工したが、用地買収の難航と経済状況悪化によって予算難となり、着工から8年の歳月を経て同51年12月7日に開通した。写真は工事中の小原田付近のようす。〈橋本市小原田・昭和49年・提供＝北森久雄氏〉

▲完成した国道170号バイパス　国道170号（現371号）は、国道24号と東家4丁目で交差していた。そこは往来が激しく、交通渋滞が絶えなかった。橋本市北部の新興住宅地開発に伴い、昭和46年頃からバイパス工事が始まった。同47年には、工事中に和歌山県でも貴重な先史時代の遺跡が見つかり、工事を中止して発掘調査を行った。写真は完成した頃に小原田地区から北を望んだもので、右に橋本川や大阪府との境となる紀見峠が見える。〈橋本市小原田・昭和51年・提供＝橋本市郷土資料館〉

▶交通調査　橋本市役所前と市脇交差点付近でシートベルトの着用状況についての調査が行われた。当時の着用状況は2割から3割程度であったという。〈橋本市東家・昭和60年頃・提供＝阪口繁昭氏〉

▶交通安全運動　橋本市役所前で子どもたちが交通安全を呼びかけた。運転手さん、安全運転してね。〈橋本市東家・昭和30年代・提供＝阪口繁昭氏〉

◀道路脇の警察官　国道24号神野々付近の交通安全を守るのはマネキンの警察官。毎日、巻き上がる砂埃をかぶっていたが、誰かの気配りでタオルをかけてもらいひと安心。〈橋本市神野々・昭和32年・提供＝阪口繁昭氏〉

▶ヘルメットを被りましょう
婦人会が中心となりバイク乗車時のヘルメット着用を呼びかけた。自らもヘルメットを着用し、ビラを手渡していた。〈橋本市古佐田・昭和40～50年代・提供＝阪口繁昭氏〉

◀**四ツ辻に標識を**　大和街道と高野街道の交差地点（四ツ辻）にはバスの往来もあったが、子どもたちを交通事故から守る信号がなかった。せめて一時停止の標識を立てようと、子どもたちも協力し作業を行った。〈橋本市東家・昭和25年・提供＝阪口繁昭氏〉

▼**交通安全教室**　急速に車が増えた時代、交通公園で行われた交通安全教室に岩出保育所の幼児たちが参加した。警察官や先生らの立ち会いのもと、横断歩道の正しい渡り方を練習している。写真の歩道橋は現在は撤去されている。〈岩出市堀口・昭和52年・提供＝辻優人氏〉

◀**根来小学校の交通安全パレード**　「横断はよくたしかめて」の横断幕を先頭に、根来小学校鼓笛隊が君が代や学校唱歌を合奏した。鼓笛隊の後には4年生以下の児童170人が続き、交通安全を呼びかけながら学区内1.2キロを歩いた。〈岩出市根来・昭和37年・提供＝根来小学校〉

フォトコラム　昭和を駆けた車両たち

私たちが日頃、鉄道に接して、まず目にするのは車両であろう。

伊都・那賀地方には現在、ＪＲ和歌山線、南海電鉄高野線、和歌山電鐵貴志川線があるが、昭和の時代は戦前、戦後と時代の変化に伴って、走っている車両も大きく変化した。

まず、和歌山線。昭和四十年代までは蒸気機関車の独擅場であったが、動力近代化の名のもとに次第にディーゼル機関車の曳く客車列車に取って代わるようになっていった。同三十年代には、分割、併合が容易な気動車の特性を活かした名古屋、京都、白浜へ乗り換えなしで直通する準急列車が和歌山線を経由するようになった。また、和歌山市と東京間を直通する寝台急行「大和」号が走り、和歌山線は最も華やかな時代を迎えた。昭和五十九年の電化とともに、これらの優等列車は気動車も廃止され、すべての列車が電車化された。

和歌山線では、お召し列車も運行された。昭和天皇のお召し列車は、昭和二十二年の和歌山巡幸、同四十六年の黒潮国体、五十二年の高野山行幸啓の計三回、和歌山線で運行されている。

昭和時代の高野線は単線で、小型の電車が急曲線や急勾配に車体を軋ませながら、ゆっくりと走っていた。昭和三十年代、平坦線の高速走行と勾配線の登坂力を兼ね備えた新型電車、ズームカーが登場して高野線の近代化が図られた。同二十年代後半には、特急「こうや」号も登場し、初代の展望車、二代目の流線型、そして現在の三代目へと続いて高野線に彩りを添えている。

貴志川線は、当初は小型蒸気機関車やガソリンカーが走っていたが、昭和十八年に電化されている。電化当初は各地の鉄道会社から寄せ集めた一両一両形の異なった電車が走っていたが、南海電鉄貴志川線になってからは、南海の中古車ながら同じ形の電車に揃えられていた。

（森本　宏）

▶ガソリンカーがお目見え
和歌山線で初めてのガソリンカー、キハ42000形（現キハ07形）が登場し、まだ家もまばらな打田駅付近を走る。〈紀の川市打田・昭和12年・提供＝田端康久氏〉

◀橋本駅を発車する和歌山線の蒸気機関車 C58　写真左端は、当時あった南海電鉄の車庫。和歌山線はまだ電化されていないはずなのに架線が張り巡らされているのは、橋本駅構内の貨車入れ替え作業を南海電鉄の電気機関車が引き受けていたため。〈橋本市古佐田・昭和 38 年・提供＝瀧脇収二氏〉

▶和歌山線の貨物列車　昭和の時代は道路整備がまだ進んでおらず、鉄道は流通の要だった。有田みかんなど県下の産物を積んだ貨物列車が旅客列車のダイヤの隙間を縫って頻繁に運転されていた。〈橋本市隅田町・昭和 31 年・提供＝森本宏氏〉

◀和歌山線を走る蒸気機関車　橋本～紀伊山田間を走る蒸気機関車。客車の出入口は車両の両端にあり、デッキになっていた。冬は機関車からの熱で暖かかったが、夏は冷房もなく、窓を開けると風と一緒に機関車の煙が入ってきて服が黒くなった。橋本駅から歩いて 15 分、東家の集落の裏に線路が走っていた。〈橋本市東家・昭和 38 年・提供＝瀧脇収二氏〉

▶中飯降駅を出たC58形蒸気機関車　トラック輸送が台頭する前までは沿線の産物は鉄道で輸送され、特に名手駅ではミカンの積み込みに多忙を極めた。麻生津のミカンはアメリカまで輸出されていたという。貨物列車を曳く蒸気機関車は、和歌山線ではC58形が主体となっていた。〈伊都郡かつらぎ町中飯降・昭和46年・提供＝河島潤氏〉

▲和歌山線を走ったポンパ号　国鉄の観光キャンペーン「ディスカバージャパン」と組んで、電機メーカーの日立が客車改造のショールーム列車を全国的に走らせた。橋本駅でもその展示会が開かれた。〈橋本市古佐田・昭和46年・提供＝森本宏氏〉

▶サヨナラSLワカヤマライン号　和歌山線蒸気機関車運転の最終列車。日本の鉄道創設以来、明治、大正、昭和と全国で活躍してきた蒸気機関車は、動力近代化の名のもとに、昭和40年代に次々と姿を消していった。和歌山線でも、お別れ列車が沿線の人びとに見送られて最後の運転を行った。〈橋本市隅田町・昭和47年・提供＝森本宏氏〉

◀和歌山線無煙化の主力・キハ45000形気動車　和歌山線の輸送力増強のため、一両で走っていたガソリンカーに替わって、連結運転のできるキハ45000形（現キハ17形）気動車が大量に配置されて和歌山線の主力車となった。左の山中には和歌山線唯一のトンネルがあった。〈橋本市隅田町・昭和31年・提供＝森本宏氏〉

▶準急はやたま　新宮発和歌山線経由名古屋行き。連結、解放が容易な気動車の特性を活かして、昭和30年代から全国各地に気動車による準急、急行列車が出現した。和歌山線でも「はやたま」号のほか、京都と白浜を結ぶ「はまゆう」号も走っていた。また、和歌山市発東京直通の寝台急行「大和」号も走り、この頃が和歌山線の最も華やかな時代であった。〈橋本市隅田町河瀬・昭和37年・提供＝森本宏氏〉

◀橋本駅での和歌山線電化記念号　昭和59年、和歌山線五条～和歌山間の電化が完成し、電車が走りはじめた。これで県下国鉄全線の電化が完了した。〈橋本市古佐田・昭和59年・提供＝森本宏氏〉

▲さよなら「紀ノ川」号　和歌山線電化完成に伴い、ダイヤ改正が行われ、和歌山線の急行列車もなくなることになり記念列車が運転された。これにより、「はやたま」号、「はまゆう」号、「しらはま」号、「紀ノ川」号と続いたディーゼル急行や東京直通の寝台急行「大和」号などの優等列車が和歌山線からすべて姿を消した。〈橋本市隅田町下兵庫・昭和 59 年・提供＝森本宏氏〉

▼和歌山線のお召し列車①　昭和 46 年に開催された第 26 回国民体育大会「黒潮国体」開会式に昭和天皇皇后がご列席になり、県下会場の競技をご覧になるため、お召し列車が運転された。〈紀の川市粉河・昭和 46 年・提供＝森本宏氏〉

◀和歌山線のお召し列車②　昭和52年、天皇陛下は、那智高原で行われた「全国植樹祭」にご出席されたあと、高野山へ御巡幸になられた。その際に和歌山線で運転されたお召し列車が写真の車両。この時、南海高野線にもお召し列車が運転され、天皇陛下は高野山にご宿泊された。〈橋本市古佐田・昭和52年・提供＝森本宏氏〉

▶高野線極楽橋駅に進入する電車　車両の左に見えるのが極楽橋。昭和5年に高野下～高野山間の鉄道線とケーブルを完成させた高野山電気鐵道は、昭和22年に南海電気鉄道と社名を変えて現在に至る。写真の電車は高野山電鐵から引き継いだモハ560形。〈伊都郡高野町高野山・昭和30年・提供＝森本宏氏〉

◀南海紀ノ川口支線　大正4年に大阪高野鉄道会社は、砂利採取を目的として橋本～紀ノ川口（現在の橋本市隅田町河瀬）間に貨物線を開通させた。後年、南海鉄道は学文路まで延長した時に紀ノ川鉄橋脇に妻信号所を開設して分岐点とした。この付近に紀和索道も奈良県野迫川村まで開設され、高野豆腐や木材など、奥高野の産物が貨車に積み替えられて全国発送された。しかし、貨物取扱量減少で昭和34年に廃線となった。〈橋本市隅田町・昭和31年・提供＝森本宏氏〉

▶高野線近代化の先兵 21000 系
南海電鉄は高野線近代化のために、平坦線の高速走行と急勾配の登坂力アップを兼ねたモーターを採用し、新しい電車を造って高野線の古い電車と入れ替えた。難波～極楽橋間の主力車としてズームカーの愛称で親しまれた。〈橋本市清水・昭和 34 年・提供＝森本宏氏〉

◀紀ノ川鉄橋を渡る初代「こうや」号
南海電鉄が皇族の高野山参詣用として所有していた展望車クハ 1900 号を使って、昭和 27 年に特急「こうや」号の運行を開始した。室内はソファを並べ、当時の国鉄一等車に引けを取らない内装で人気を集め、指定席が取り難かった。〈橋本市向副・昭和 30 年・提供＝森本宏氏〉

▶南海高野線の 2 代目特急「こうや」号 20000 系　昭和 36 年、ヨーロピアンスタイルの 20000 系新「こうや」号が登場し、高野線のクイーンとして君臨した。昭和 52 年の天皇皇后の高野山行幸啓には、お召し列車の大役を果たした。〈橋本市付近・昭和 46 年・提供＝森本宏氏〉

◀貴志川線の電車①　大池遊園の鉄橋を渡る南海電鉄（現和歌山電鐵）の電車。先頭のクハ804号は明治43年製で元阪急の電車である。大池遊園の花田屋より西方向の第一橋梁を撮影。〈紀の川市貴志川町長山・昭和37年・提供＝花田屋〉

▲貴志川線の電車②　昭和36年に和歌山電気軌道を吸収合併した南海電鉄は、和歌山電気軌道の鉄道線を貴志川線と命名し、それまで運行していた、全国から集めたバラエティ豊かな小型電車を自社の中古車に置き換えて車種統一を始めた。写真の電車は高野線から転属してきたモハ1051形。〈紀の川市貴志川町長山・昭和46年・提供＝森本宏氏〉

8 祭りや伝統行事

日本民俗学の父・柳田國男によれば、日本人の生活は、日常を表すケと、非日常を表すハレに区別されるという。ケとは日常の苦しい労働の日々であり、それが長期間続くとケが枯れる（ケガレル）状況に陥る。それを回復させるためにハレの日に祭りが執り行われる。人びとは祭りで神と飲食を共にして、乱痴気騒ぎをして活力を取り戻すのである。だから祭りの日には、人びとは労働をしないという約束があった。村の全員がハレの日を過ごすことで次の祭りまでの間のケの生活が維持されるのである。このようにケとハレを繰り返すことで日本人は生活のバランスをとってきた。

　それは今も変わらず日本人の生活に根付いている。昭和の時代、さまざまな新しい祭りがつくられたが、当初はハレの日を選んでやっていた。紀ノ川祭はかつてはお盆の先祖送りの日であった。九度山の眞田祭りは今も端午の節句に合わせて行われている。神事は伴わないが、多くの人びとが集まるハレの祭りとして成立していたのである。

　一方、時を経て受け継がれてきた伝統行事や祭りは、ここ紀ノ川中流域では中世に起源を持つものが多い。相賀荘、隅田荘、粉河荘、岩出荘といった中世の荘園で始まった鎮守の祭りが、この地域の由緒ある神社に伝えられてきた。その代表的なものとして二つの祭りを挙げたい。

　橋本市の隅田八幡神社の秋祭りの起源は、中世荘園を経営する地元の武士が集まる宮座であるといわれ、元は京都の石清水八幡宮の放生会にならったものであった。田楽、猿楽、舞楽、相撲などの多彩な芸能が奉納されていて、京都以外での上演としては最も古い時期に見られるものである。現在、秋祭りの渡御では一〇〇人以上で担ぐ勇壮なだんじりが練り歩くが、これは江戸時代に始まったと伝わる。

　紀の川市の粉河産土神社の祭りである粉河祭の山車は曳きだんじりである。灯籠台を乗せた上にヒゲコという割竹を放射状に地面近くまで垂らした特異な形状のだんじりである。民俗学者・折口信夫が粉河祭りのヒゲコを見て感動し、「髭籠《ひげこ》の話」と題するだんじりの起源に関わる論文を書いたのは有名な話である。

　また、当該地方には芸能を伴う民俗行事が多くみられる。民俗芸能は神楽、田楽《でんがく》、風流《ふりゅう》などに分類されるが、ここでは紀ノ川中流域の田楽、風流についてふれてみたい。

　田楽系の芸能にはかつらぎ町天野の丹生都比売神社の御田祭、花園梁瀬の御田舞がある。これらは正月に一年の稲作の無事を祈願して、田植えから収穫までの仕草を神に見せることにより豊かな収穫を約束させるための芸能である。また、風流系の芸能には四郷の千両踊り、三谷の笹踊り、高野町花坂の鬼もみ太鼓、九度山町上古沢の傘鉾などがある。こうした風流は、人びとに見せるために競って衣装などの趣向を凝らすようになったという。

　中世の終わりから各地で盛んに行われてきたこれらの祭りや民俗芸能は、庶民が残した貴重なハレの文化として、これからも後世に伝えていかねばならない。

（宮本　佳典）

◀**第１回紀の川祭**　橋本町の川原町地区の子どもたちが紀の川祭で雑賀踊を披露した。「オイチヨセー」の掛け声と先頭の太鼓の音に合わせて、手に持った竹をすり合わせながら町中を練り歩いた。子どもたちが並ぶのは当時の橋本警察署西側にあった一栄衣料品店前。〈橋本市橋本・昭和23年・提供＝阪口繁昭氏〉

◀古佐田のだんじり新調記念　橋本駅西側の広場にて。それまでは赤白2色の簡単な布団太鼓であったが、新しいだんじりは長いロープが付けられ、写真の子どもたちも参加して橋本の町中を曳行した。〈橋本市古佐田・昭和26年・提供＝阪口繁昭氏〉

▶紀ノ川にゾウがやってきた　第1回紀の川祭に参加するために神戸の王子動物園からやってきたゾウの「花子」を、多くの人が橋本駅で出迎えた。祭りでは紀ノ川の浅瀬を往来し、多くの見物客を呼び込んだ。〈橋本市橋本・昭和25年頃・提供＝阪口繁昭氏〉

▶紀の川祭のパレード①　昭和23年に開催された第1回紀の川祭では、オリンピック金メダリストの前畑秀子がゲストで参加し、その泳ぎを披露した。その後、回を重ねるごとに祭りは賑やかになり、写真の年にはミス橋本によるパレードも行われた。〈橋本市東家・昭和31年・提供＝橋本市役所〉

▼紀の川祭のパレード②　奥には橋本駅駅舎が写っている。ミス橋本たちの頭上には、映画館・橋劇で当時上映していた「銀蛇の岩屋」「ただひとりの人」「西部の二国旗」「聖衣」の吊り広告が下がっている。〈橋本市古佐田・昭和31年・提供＝橋本市役所〉

▶紀の川祭の花火　終戦後の混乱期、食糧不足やインフレで沈滞していた地域の活気を取り戻そうと「花火でもしようか」と声が上がったのが、紀の川祭開催のきっかけだったという。〈橋本市向副・昭和40年代・提供＝橋本市役所〉

◀隅田八幡宮の秋祭り　屋台を飾る絵ビラは祝儀袋に添えたもので、恵比須や鶴亀などのめでたい図柄が描かれていた。隅田のだんじり特有の飾り物のようである。だんじりを担ぐ人びとの服装は、写真では普段着である。現在では、揃いの法被を着ている。〈橋本市隅田町垂井・昭和50年頃・提供＝巽好彦氏〉

▶秋祭りの若衆　隅田八幡神社の秋祭りでだんじりを担ぐ若者たちであろう。出番を待っているのか、神社の裏手で休んでいる。〈橋本市隅田町垂井・昭和62年・提供＝花谷浩司氏〉

◀御幸辻牛頭天王神社の秋祭りの子どもだんじり　昭和32年に地元の大工・田宮義信が長さ2.82メートル、幅1.78メートル、高さ2.43メートル、重さ約200キロの子どもだんじりを制作した。子どもだけでなく、大人も一緒になってだんじりに取り付けた長いロープを引き、笹に祝儀袋をつけ、笛や太鼓、鉦の音や、勇ましい掛け声を響かせながら町内を練り歩いた。写真は御幸辻駅付近で写したもの。〈橋本市御幸辻・昭和45年・提供＝北森久雄氏〉

▶「ごもうの八幡さん」の秋祭り
10月の中頃に行われた相賀《おうが》八幡神社の例祭。社の座する胡麻生《ごもう》から「ごもうの八幡さん」と親しまれており、幾台ものだんじりが出る。祭りにはご近所衆が打ち揃い、舗装されていないガタガタ道を延々と、八幡さんまで歩いて行ったという。〈橋本市胡麻生・昭和30年代・提供＝水田雅子氏〉

◀南町のだんじり　現在「本町」と呼ばれる場所は、もともとの粉河集落の中では南に位置していたため「南町」と呼ばれていた。昭和初期頃には、さらに南に民家が増え始めたため、本町へ改名したという。写真は「南町」の名前が残るだんじりの貴重な一枚。〈紀の川市粉河・昭和初期・提供＝小畑雅行氏〉

▶粉河祭天福町のだんじり　粉河駅前に止まる天福町のだんじりの上には、竜宮城とタコの作り物が置かれている。各町が趣向を凝らしただんじりは今では見られなくなった。〈紀の川市粉河・昭和30年代・提供＝小畑雅行氏〉

◀粉河祭本祭　「牛若丸と弁慶」に扮する人を乗せただんじりを先頭に大勢の人が続く。当時の参道は道幅が狭く、だんじりが１台通るのがやっとである。写真奥には髭籠《ひげこ》をつけた本町のだんじりが見える。〈紀の川市粉河・昭和戦後・提供＝小畑雅行氏〉

▶粉河祭中町のだんじり　紀州三大祭りのひとつ粉河祭を特徴づける髭籠が印象的なだんじり。細く割いた竹が華やかさを添えている。だんじりが置かれた大門橋の後ろの家屋は、現在は駐車場となっているが、その後ろに見えるクスノキは大神社に今も保存されている。〈紀の川市粉河・昭和戦後・提供＝小畑雅行氏〉

▶**粉河《こかわ》産土《うぶすな》神社正遷宮**　中央の本町のだんじりを、法被姿の男性や稚児姿の子どもたちが取り囲み、粉河駅前で記念撮影。駅前には鳥居が置かれている。鳥居の左に「かなも旅館」、右に「共榮運送店」がある。〈紀の川市粉河・昭和7年・提供＝小畑雅行氏〉

▲**伏神祭**　祭りでは、青年団による餅まきが盛大に行われる。現在も冬に行われているが、当時は夏と冬の2回開催されていた。この年には浪曲大会が開かれたようで、高座には浪曲師・吉田一若が上がっている。〈紀の川市貴志川町長原・昭和26年・提供＝大﨑博氏〉

▶**大飯盛物祭の盛物《もりもの》**　米田酒造の事務所と社宅前を練る「盛物」。高さ5メートルに及ぶ気球のような巨大山車を曳く氏子たちの勇姿である。大國主神社の神事である大飯盛物祭は鎌倉時代から続いていた。昭和10年以降中断していたが、この年46年ぶりに執り行われた。〈紀の川市貴志川町神戸・昭和56年・提供＝半浴和生氏〉

▲大飯盛物祭の盛物行列 「盛物」を陽向山の大國主神社まで曳いていく奉納行列には、山車の他に太鼓や船なども連なる。小坂商店前の細道を、華やかに飾られた船が道幅一杯に練っている。大飯盛物祭は市の無形民俗文化財に指定されている。〈紀の川市貴志川町神戸・昭和56年・提供＝半浴和生氏〉

▶岩出保育所のだんじり 10月の大宮祭に奉納されるだんじりが、大宮神社の境内に置かれている。岩出保育園のだんじりは昔から手作りで、先生や保護者が提灯や花を飾り付け、紅白の布も新しいものに替えていた。園児の曳く綱にも紅白の布が巻きつけられている。〈岩出市宮・昭和52年・提供＝辻優人氏〉

◀山崎神社秋まつり 元気な子どもが樽神輿を担ぐ。現在も続く地域の行事である。奥には荘厳な鎮守の杜が写っている。〈岩出市赤垣内・昭和48年・提供＝山崎小学校〉

▶城山神社の鳥居前で　城山神社正遷宮で子ども神輿の奉納を終えての一枚。子どもたちだけでは神輿を担ぐのが大変なため、神輿を台車に乗せて引いたという。〈伊都郡かつらぎ町中飯降・昭和43年・提供＝岡村哲明氏〉

◀天野大社（丹《に》生《う》都《つ》比売《ひめ》神社）の御田祭　平安時代に始まる農耕神事である。天野の氏子が田人、牛飼、早乙女などとなって稲作の豊作を祈り、神前で舞を奉納する。舞では田打ち、種まきから刈り入れまでの所作を行う。紀ノ川筋でも貴重な伝承芸能である。〈伊都郡かつらぎ町上天野・昭和53年・提供＝かつらぎ町役場〉

▶丹《に》生《う》酒殿神社《さかどのじんじゃ》の笹踊り　境内に練り込み、拝殿前で円になって踊る男性たち。盆の8月16日、丹生酒殿神社に奉納される。音頭取り1人、太鼓1人、踊り手6～8人。衣装は手に笹の小枝を持ち、浴衣をまとう。〈伊都郡かつらぎ町三谷・昭和56年・提供＝かつらぎ町役場〉

▲大宮神社の千両踊り　大宮神社は、近世には大宮四社明神と言われ、天正の兵火で焼失するまでは社殿も壮麗であった。明治初年まで、旧暦の7月16日の例祭には千両踊りが奉納された。近年は舞で使用する千両太鼓の活動が盛んである。〈伊都郡かつらぎ町広口・昭和50年代・提供＝かつらぎ町役場〉

▼御田舞①　御田は年の初めに豊作を祈念する行事で、早朝に下花園神社でお祓いを受け遍照寺へ渡御し、午後から田打ち、牛呼び、水迎え、田植、籾摺りなどの所作を演じる。かつては村内の数カ所で行われていたが、今は梁瀬だけで行われている。花園郷土古典芸能保存会の人びとによって旧正月の8日に最も近い日曜日に演じられている。〈伊都郡かつらぎ町花園梁瀬・昭和62年・提供＝かつらぎ町役場花園支所〉

◀**御田舞②**　3時間余りの演技の中には牛呼び、昼飯《おんなり》持《もち》、神子の舞などの所作がある。国指定の重要無形民俗文化財となっている。写真は女装した男性による昼飯持。黒しらげや田植子たちによるにしゃも踊り、苗取りが終わると一休みとばかりに、昼飯持が昼食を運んでくる。〈伊都郡かつらぎ町花園梁瀬・昭和62年・提供＝かつらぎ町役場花園支所〉

▼**御田舞③**　神子《みこ》の舞。田植が終わると、花笠を被った田植子たちによる美しい舞が始まる。この舞の後、物語は収穫へつながっていく。〈伊都郡かつらぎ町花園梁瀬・昭和62年・提供＝かつらぎ町役場花園支所〉

◀**御田舞の前に**　御田舞の前座として遍照寺の庭でひょっとこの面をつけて踊る男性。〈伊都郡かつらぎ町花園梁瀬・昭和55年・提供＝花谷浩司氏〉

▲遍照寺境内で披露される仏の舞　法華経五の巻に説かれている「女人成仏」を劇的に仕組んだ舞である。竜宮に住む龍女を仏にするため、文珠菩薩が釈迦如来の使いとなって竜宮に赴き竜王とその子である5人の鬼を説き伏せようとする。問答を繰り返し龍女を成仏させる。かつては数十年に1度しか上演されなかったが、現在では時に応じて上演されている。〈伊都郡かつらぎ町花園梁瀬・昭和59年・提供＝かつらぎ町役場花園支所〉

▼眞田まつり　九度山町の一大イベント眞田まつりの武者行列のひとコマ。眞田家の三代昌幸、幸村、大助と、その後に猿飛佐助など眞田十勇士が馬に跨り、町を練り歩く。写真の先頭の武将は真田幸村である。眞田まつりの武者行列は毎年5月5日（かつては幸村の命日である5月7日）に行われ、多くの人びとが見物に訪れる。現在は子供武者や稚児行列も加わっている。平成28年のNHK大河ドラマ「眞田丸」の放送後は、遠方からも見物客が訪れるようになり、盛大に行われている。〈伊都郡九度山町九度山・昭和40年代・提供＝九度山小学校〉

▲傘鉾《かさぼこ》　大きな傘の上に鉾、薙刀、花などを飾りつけた傘鉾は、直径2メートル、柄の長さ1.5メートル、それにすっぽり布をかぶせて裾を少し垂らす。厳島神社でお盆に行われ、天下泰平、国家安全、五穀成就、子孫長久を祈願する。25歳から35歳までの宮座衆40人が裸足で、笹の葉を口にくわえて奉仕することから、この神事を「笹ばやし」ともいう。お渡りは、笠木下古沢組、上古沢組、中古沢組の傘鉾3本を先頭に、太鼓1人、笛2人、音頭取り、歌い手と続き、勢ぞろいした家から神前へ練り込む。そして大鳥居をくぐると、歌と笛太鼓のしらべに合わせてしずしずと進む。〈伊都郡九度山町上古沢・昭和52～53年頃・提供＝瀬崎浩孝氏〉

▶青葉祭　明治17年に始まった弘法大師の誕生を祝う降誕《ごうたん》会《え》が元となっており、青葉祭の名称となったのは戦後になってからである。写真は昭和27年から始まった大師音頭を踊る一団。〈伊都郡高野町高野山・昭和33年・提供＝高野町教育委員会〉

▲秋祭りの賑わい①　蓮花谷付近を行く神輿の行列。一の橋方面から金剛峯寺に向かっている。先導するのは大団扇を持つ人で、「北」の字は高野町を4つに分けたうちの「北」地区を表している。写真左手は地蔵院。〈伊都郡高野町高野山・昭和20年代・提供＝福形崇男氏〉

▲秋祭りの賑わい②　お揃いの法被を着た子どもたちが行儀よく並んでいるのは金剛峯寺の前（常喜院東の現駐車場）である。列の奥には神輿が見える。当時は子どもの数も多かった。〈伊都郡高野町高野山・昭和20年代・提供＝福形崇男氏〉

▼鬼もみ神事　8月の盆明けに高野山の花坂地区にある鳴川神社で行われる雨乞い神事。榊を手にした住民が鬼を追いかけて捕える。写真の当時は午前中に神社での祭祀を済ませ、午後から鬼もみの儀式、その後は翌朝まで化踊りと呼ばれた盆踊りで盛り上がったという。〈伊都郡高野町花坂・昭和27年・提供＝高野町教育委員会〉

フォトコラム　霊峰・高野山

弘仁七年（八一六）、真言宗の宗祖弘法大師空海により開創された高野山は、一二〇〇年以上の歴史を連綿と繋ぐ、全国でも随一の霊山である。明治時代以降、女人禁制の解禁など徐々に高野山も近代化されていくことになるが、特に昭和に入るやその姿は急速に変貌していった。

高野山にとって昭和の幕開けは不幸な出来事から始まった。高野山の総本堂の金堂の焼失である。昭和元年十二月二十六日午前五時三十分頃出火し、十四間四面二層建の金堂は炎上し、御影堂は屋根に味噌を塗って火災を免れたものの、付近の六角経蔵、孔雀堂、納経所が類焼したのである。このとき、金堂内に安置されていた秘仏を含めた高野山開創以来の仏像七体も灰燼に帰してしまった。

高野山は開山後、幾度となく全山焼失の歴史をくぐり抜けて再生している。このときも、昭和九年が弘法大師一一〇〇年御遠忌法要に当たり、諸事業が計画された中に、金堂再建が組み込まれる。その法要の初日に、金堂の落慶法要が修された。また、天保十四年（一八四三）に焼失の根本大塔も再建が成り、昭和十二年落慶法要が開かれた。

次に特筆すべきことが、高野山への交通の整備である。鉄道は、昭和に入り現在の形へと整備されていった。昭和三年、高野下〜神谷（現紀伊神谷）間が開業。同四年、神谷〜極楽橋間が開業。五年には極楽橋〜高野山間が開業した。太平洋戦争中の高野山からの出征軍人は、高野山駅から見送られた。ちなみに、特急こうや号の運転が始まるのは昭和二十七年である。

高野山駅ができるまで、高野山参詣の人びとは今の極楽橋駅付近から不動坂を登った。現在の女人堂まで、ごくわずかに駕籠を利用する人もいたが、ほとんどは牛に曳かれながら、あるいは「後押女」といわれる人から後押しされながらも、自らの足で登山したのである。

道路整備も進んだ。高野山麓九度山町を起点とし、高野山を終点とする総延長一七キロ全線二車線の山岳道路・高野山道路が開通したのが、昭和三十五年であった。当初は有料道路だったが、同六十二年に無料開放された。国内では、東京オリンピックを契機に高速道路が整備されてマイカーブームが訪れ、高野山でも車での高野山登山が可能となった。

便利になった反面、かつての高野山参詣道の不動坂や町石道は忘れ去られていった。近年、高野山が世界遺産となり、いみじくもそれら旧道からの高野山を目指す人びとが目立つようになったが、まさに高野山が辿った歴史は、日本の近現代史の歩みそのものであったといっても過言ではないのである。

（木下　浩良）

◀**根本大塔**　壇上伽藍の東端に建つ多宝塔で、西端には対となる西塔が建つ。慈尊院と奥之院へ続く、胎蔵界と金剛界それぞれの起点となっている。現在見られる朱色の塔は昭和12年に再建されたものである。〈伊都郡高野町高野山・昭和33年・提供＝木下善之氏〉

▶総本山金剛峯寺　高野山真言宗の総本山で、高野山のほぼ中央にある。弘法大師が高野山を開創した当初は、その全域を金剛峯寺と称した。明治2年、それまで高野山で鼎立していた学呂・行人・聖の三派は解消された。この時、学呂・行人の両方の中心的な寺院であった学呂の青巌寺（豊臣秀吉が母の供養のために建立）と行人の興山寺は他へ移転して、その跡地の建物と敷地は三派が統合した金剛峯寺となった。写真は青巌寺の建物を江戸時代に再建したもの。〈伊都郡高野町高野山・昭和初期・樹林舎所蔵絵葉書より〉

◀普賢院楼門　鐘楼を兼ねている。鐘には「慶安5年（1652）2月28日冶工　紀州相賀庄柏原（橋本市柏原）塚本清右衛門藤原信安」と銘文が刻まれている。現在、両側の木と橋はなく、川は道路になっている。〈伊都郡高野町高野山・昭和20年代・提供＝福形崇男氏〉

▶奥之院御廟橋　奥之院の「一の橋」から弘法大師の御廟まで約2キロにわたって続く参道には、歴史に名を残す大名や無名の庶民まで20万基以上の墓や供養塔が建立されている。写真の御廟橋を渡ると、弘法大師の眠る霊域に入る。〈伊都郡高野町高野山・昭和10年頃・提供＝高野山大学〉

▼大門　高野山の西の入口であり、総門。高さ25.8メートルの重層の楼門の両脇には、存在感のある仁王像が立っている。元禄元年（1688）に炎上し、宝永2年（1705）に再建された。さらに昭和57年から3年間、解体修理が行われ現在に至っている。〈高野町高野山・昭和8年以降・樹林舎所蔵絵葉書より〉

▶焼失直前の壇上伽藍金堂　金堂は高野山の総本堂である。万延元年（1860）に再建されたもので雪が積もっている。このわずか後の12月26日に炎上、焼失した。〈伊都郡高野町高野山・大正15年・提供＝福形崇男氏〉

▶炎上する金堂　昭和元年12月26日午前6時頃出火が発見された。延焼を防ぐため、すぐ近くの「水木商店」の味噌を御影堂の屋根などに塗ったという。焼失は万延元年（1860）の再建以来、66年目のことであった。〈伊都郡高野町高野山・昭和元年・提供＝福形崇男氏〉

▼再建された金堂　昭和元年の火災で焼失した後、昭和2年3月に再建が始まり、同9年に金堂の落慶式が行われた。この時弘法大師千百年後遠忌大法会が開催された。〈伊都郡高野町高野山・昭和9年・提供＝福形崇男氏〉

9 戦後の学校

　昭和二十年八月の敗戦により、戦前の教育を思想面で支えた皇国主義、軍国主義は否定され、学校体系は大きく変わった。日本国憲法、教育基本法、学校教育法に基づく新しい学校教育が行われるようになり、それは「新教育」と呼ばれた。幼稚園は義務教育ではないが、満三歳からの就学前教育として、その目的が明確化された。〇歳からの保育に欠ける幼児のために、戦前の託児所が発展する形で保育所（園）が作られた。久しく懸案であった幼保の一元化は現在「認定子ども園」として実を結びつつある。

　旧制の高等小学校が新制中学校に移行・拡充する形で、戦後の六・三制九年間の義務教育が実現した。新制中学校は戦後の混乱と財政難のなか、校地、校舎の確保が難しく、小学校を間借りしての出発となった。何よりも無償で、男女共学であることの意義は大きい。また、女子に高等教育の門戸が開かれた。戦前、女子は国立の高校、大学への進学は認められなかった。中学生の高校進学率は当地方でも一〇〇パーセントに近づいており、かつての尋常小学校が最終学歴であった時代とは隔世の感がある。現在、伊都・那賀地方には、普通課程の他、商業、工業、農業、定時制、通信制など八つの高校がある。

　小学校六年の制度は明治の末に確立していたので、国民学校初等科から小学校への移行は中高に比べ容易なものであったが、教育内容面での変化は大きかった。特に「修身」「国史」「地理」に代わって新設された「社会科」は新生日本の民主主義を創造するための中核的な役割を担う重要な教科とされた。

　教育委員会が設置され、教育権が国家から地方へ、国民の手へと移ったことの意味は大きい。

　戦前、戦後に建てられた木造の校舎の大半は、鉄筋コンクリート造に変わった。そのなかで、高野口小学校（橋本市）は平屋の木造校舎を守り続けている。東西に伸びた校舎に北側の片側廊下、約二〇坪の教室の直列という戦前の日本の学校建築の標準的な姿を今に伝えており、国の重要文化財に指定されている。

　今日の大きな教育課題である「いじめ」や「不登校」の問題は、当地域では特に表面上の件数よりも、どう認知し解決するかに重点を置いた取り組みが進んでいる。そのほか学力問題をはじめとする諸々の課題は、学校、家庭、地域の連携による「コミュニティースクール」を広く構築するなかで解決が図られようとしている。

（下村　克彦）

▲木造校舎の廊下　岩出小学校の本館として使われていた。写真の年に鉄筋コンクリート造の新校舎が竣工しているので、建て替えの直前に撮られたものだろうか。どこかあたたかさを感じる木造校舎は、昭和後期に次々と鉄筋コンクリート校舎へと建て替わっていった。〈岩出市清水・昭和54年・提供＝岩出小学校〉

▲橋本保育園の運動会　万国旗はためく運動会のようす。巻き寿司、かまぼこ、ゆで卵、ゆで栗などを詰めたお弁当は大人も子どもも楽しみで、近所の人も一緒になって賑やかに食べたものだった。右手に見えている国保橋本病院は、のちに橋本市民病院となり、小峰台へ移転した。〈橋本市東家・昭和 31 年・提供＝水田雅子氏〉

◀橋本カトリック幼稚園の運動会　保護者に見守られるなか、園児たちが運動会の始まりに皆でお祈り。写真左のカトリック教会は現在もあるが、幼稚園は閉園している。〈橋本市古佐田・昭和 31 年・提供＝水田雅子氏〉

▶すみだ保育園の運動会　運動場では園児たちが遊戯の真っ最中。保育園舎の前には小学校のお兄さん、お姉さんがずらり。すみだ保育園の運動会は隅田小学校と一緒に行われていた。〈橋本市隅田町垂井・昭和27年・提供＝丹羽敦子氏〉

◀私立野花保育園入園式　野花保育園は、野地区にある寿命寺に併設されていた。写真左のモルタル造りの建物は事務室。出塔、柏原、野、神野々地区の子どもたちが通っていた。この保育園に通園していた写真提供者は、いたずらが過ぎると本堂に入れられ、暗くてこわかったことを今でもはっきりと覚えているという。昭和30年3月に閉園。柏原地区に市立柏原保育園ができた。〈橋本市野・昭和26年・提供＝高崎正紀氏〉

▶なるき保育園の卒園式　池田小学校の向かいにある保育園の、卒園児全員揃っての記念写真である。昭和の時代はいかに子どもが多かったかがわかる。〈紀の川市南中・昭和41年・提供＝川口均氏〉

▶安楽川保育園の園児たち　蓮台寺の境内に併設されていた。お寺の保育園ということもあり、園児たちも日常的に本堂で座禅を組んでいたという。現在、保育園はなくなっている。〈紀の川市桃山町市場・昭和31年頃・提供＝稲垣明美氏〉

◀冬の岩出保育所　子どもたちは一心不乱にクレヨンで絵を描いている。中央には懐かしい煙突式ストーブが見える。今は冷暖房設備が整っている。〈岩出市清水・昭和52年・提供＝辻優人氏〉

▶山崎保育所　昭和29年、当時の山崎村（後の岩出町）に開園。開園当初の園児数は72人であったが、岩出町が和歌山市、大阪泉南地域のベッドタウン化するのに伴い、園児も急速に増加、同50年度は190人を超えた。そのため園舎が手狭となり、昭和50年、現在地に新園舎を建設した。〈岩出市湯窪・昭和50年代・提供＝岩出市民俗資料館〉

▶山崎北保育所　昭和57年に児童数増加のために新設された山崎北小学校と川を挟んだ隣に建っている。現在の同じ建物が残っているが、名前は山崎北こども園となっている。〈岩出市金池・昭和50年代・提供＝岩出市民俗資料館〉

◀根来保育所　昭和27年に開園したが、当初は根来小学校敷地内に併設されていた。園児数の増加に伴い、同47年に総工費3,139万円をかけて念願の新園舎を建設、現在も使われている。〈岩出市根来・昭和50年代・提供＝岩出市民俗資料館〉

▶上岩出保育所　岩出町、山崎村、根来村、上岩出村が合併した昭和31年当時、上岩出地区のみ保育所が設置されていなかった。そのため、合併後の同36年に町立の保育所を南大池に建設。これにより、当時としては県下唯一の保育所完備の町となった。〈岩出市南大池・昭和50年代・提供＝岩出市民俗資料館〉

▲**橋本小学校**　運動会での２年生児童による遊戯。後ろにはまだ木造校舎が写っている。この年、学校にプールが新設された。〈橋本市東家・昭和39年・提供＝橋本小学校〉

▼**鉄筋校舎となった橋本小学校**　昭和35年に完成した鉄筋コンクリート造りの校舎。この校舎は橋本市はもとより伊都郡内でも初めての鉄筋校舎となった。右端には小さく木造の講堂が写り込んでいる。〈橋本市東家・昭和46年・提供＝橋本小学校〉

▶隅田小学校の運動会 木造校舎の前には国旗が高々と揚げられている。小学校の運動会には各地区対抗競技もあり、大人たちが子ども以上に盛り上がっていたという。なかには、出場したリレー競技で力一杯走り過ぎ、後日寝込んでしまった人までいたそうだ。〈橋本市隅田町垂井・昭和27年・提供＝丹羽敦子氏〉

▼山田小学校卒業記念　白壁が美しい校舎をバックにA、B組が記念撮影。前列中央が校長と両担任である。この卒業生が新入生として入学したときに新校舎が完成。木造平屋建て、モルタル塗りで、校舎正面から奥まで続く広い中央廊下で集会などが行われたという。昭和53年に山田小学校（本校、分校）と岸上小学校が統合され、西の高台に西部小学校が完成。本校跡には現在JA紀北かわかみ橋本西部支店が建っている。〈橋本市柏原・昭和36年・提供＝高崎正紀氏〉

▲兵庫小学校入学式　兵庫小学校は明治27年に河瀬地区から兵庫地区へ移転した。この場所は昔の城跡とされ、写真の場所には大きな井戸があった。昭和20年代まで歌われた校歌に、「紀伊の　真清水　ほど近く　むかしの城の　跡と聞く」とある。後ろの子どもの像は、昭和27年頃、当時の豊岡校長が子どもたちの成長を願って制作したものである。〈橋本市隅田町下兵庫・昭和30年代前半・提供＝松田和子氏〉

▼名手小学校の木造校舎　付近に国鉄名手駅、大和街道があり、古くから交通の便の良い場所に位置していた。昭和35年に写真の校舎から新校舎となったが、その新校舎も耐震性の問題などから近年建て替えられた。〈紀の川市名手西野・昭和35年頃・提供＝名手公民館〉

▲池田小学校　昭和8年に三谷尋常小学校、池田尋常小学校、池田高等小学校が統合され、池田尋常高等小学校が開校。この日が池田小学校の開校記念日となっている。現在地に校舎が完成したのは昭和15年のことである。同46年の黒潮国体開催時には打田中学校がハンドボールの競技会場に選ばれ、池田小学校はその練習会場として使用された。〈紀の川市南中・昭和46年・提供＝紀の川市役所〉

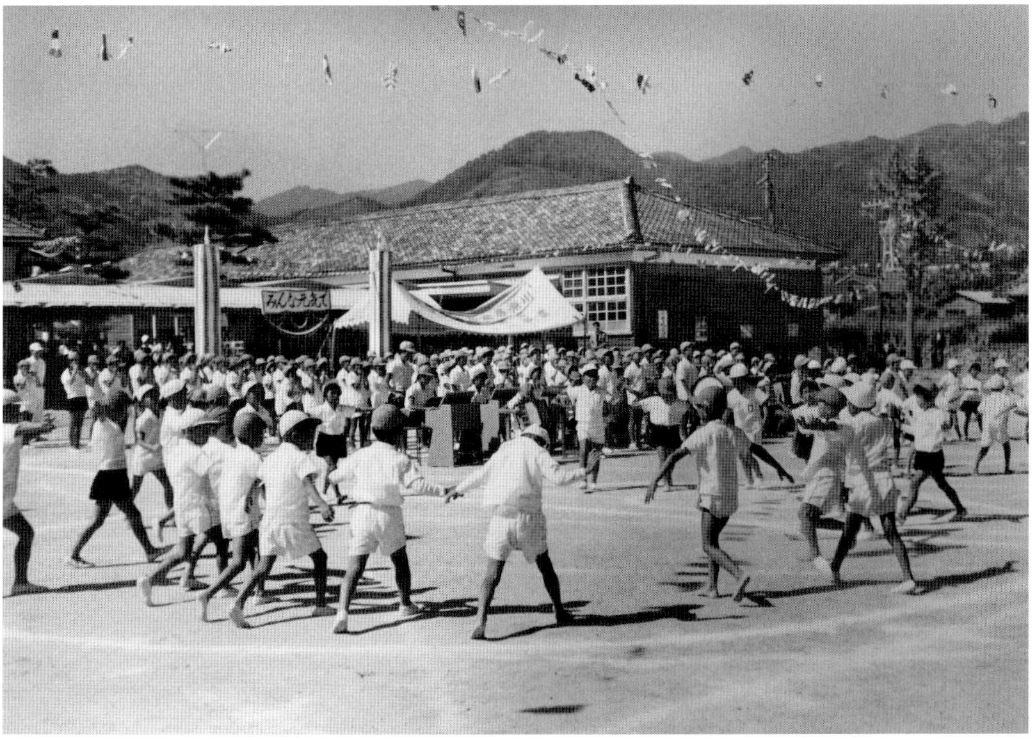

▲川原小学校運動会　明治5年に上丹生谷村に創立された丹生小学校を始まりとしている。同26年の川原村の発足後、現在地に移転した。平成21年には創立130年を迎えた。〈紀の川市野上・昭和38年・提供＝川原小学校〉

▶解体前の鞆渕小中学校　鉄筋コンクリート造の新校舎建設のため取り壊されることとなった木造校舎。1階は小学校、2階は中学校として使われていた。写真右端に見えているのは講堂。〈紀の川市中鞆渕・昭和45年頃・提供＝曽和眞一郎氏〉

◀上名手小学校　明治38年に上名手尋常小学校が誕生してから100年以上の歴史がある。昭和30年、上名手村は狩宿村、麻生津村、名手町、王子村の一部と合併し那賀町となったため、同校も町立となった。〈紀の川市名手西野・昭和29年頃・提供＝上名手小学校〉

▶細野村立細野小学校　明治22年に発足した細野村は、昭和32年美里町（現紀美野町）と桃山町（現紀の川市）に分割編入され、自治体としての歴史に幕を下ろした。細野小学校は明治12年に開校、多い時には234人の児童を抱えたが、年々児童数は減少し、平成2年に休校となっている。〈紀の川市桃山町垣内・昭和26年・提供＝荒川中学校〉

▲西貴志小学校の運動会でジュースの販売　当時の運動会は売店があり、PTA の父兄がジュースなどを販売していた。後ろの講堂は、昭和 29 年に新しく建て替えられたもの。〈紀の川市貴志川町長原・昭和 45 年頃・提供＝大﨑博氏〉

▼岩出保育所の運動会　岩出小学校のグラウンドに整列した園児たち。当時、岩出保育所の運動会は岩出小学校と合同で行われていた。〈岩出市清水・昭和 52 年・提供＝辻優人氏〉

▶山崎小学校の旧校舎　昭和31年の合併により、山崎村から岩出町に引き継がれた校舎は、老朽化のため改築を余儀なくされた。解体前に撮られたものだろうか。36年、鉄筋コンクリート造り二階建ての新校舎が竣工している。〈岩出市中黒・昭和35年・提供＝山崎小学校〉

◀根来小学校の玄関　昭和41年、写真のように玄関前に造園がなされた。その後、同45年に写真の校舎から鉄筋コンクリートの新校舎へ建て替えも行われた。〈岩出市根来・昭和40年代・提供＝岩出市民俗資料館〉

▶根来小学校中庭　入学児童と保護者の集合写真。中央の像は昭和37年に完成した母子像。〈岩出市根来・昭和40年・提供＝根来小学校〉

◀上岩出小学校の児童たち 後ろに並ぶ教師、保護者の中には着物姿の人も多い。昭和25年に校舎の増改築が行われたが、その後昭和40～50年にかけて児童数が増加、教室が足りなくなる度に校舎の増築、校地の拡張が行われた。〈岩出市水栖・昭和20年代後半頃・提供＝上岩出小学校〉

▲妙寺小学校畑野分校　妙寺小学校に統合される以前の校舎である。南東より北西を見上げている。「畑野」の校名は、かつらぎ町の大字大畑と短野の子どもたちが通学することに由来する。明治45年の大畑と短野の両分教場の合併により発足し、当初は畑野分教場と呼んでいた。畑野分校は平成17年3月に休校となり、その後廃校となった。〈伊都郡かつらぎ町短野・昭和53年・提供＝妙寺小学校〉

▶妙寺幼稚園の卒園記念
妙寺小学校の木造二階建て校舎の前で撮影。昭和35年創立の妙寺幼稚園は、認定子ども園への統合のため廃園となった。〈伊都郡かつらぎ町西飯降・昭和40年・提供＝岡村哲明氏〉

▲妙寺小学校の秋季運動会　女子児童のちょうちんブルマー姿が懐かしい。写真は開会式前に児童全員で行うかつらぎ音頭の入場行進。かつらぎ音頭の歌は都はるみが歌っていた。児童たちの背後には、この年に完成したばかりの鉄筋三階建て校舎が写っている。〈伊都郡かつらぎ町妙寺・昭和41年・提供＝岡村哲明氏〉

▲九度山小学校の木造校舎　小学校開設時の校舎は写真の運動場の右上付近にあったが、明治44年当地に移転、和歌山県下で初めての講堂や特別教室のある校舎が建設された。学校からは九度山の街並みや紀ノ川を見渡せ、勉学に励むには絶好の場所であった。〈伊都郡九度山町九度山・昭和41年頃・提供＝九度山小学校〉

▼九度山小学校の新校舎　上写真と同じ角度から撮影したものである。昭和44年、正面の三階建ての普通教室が完成した。同46年には三階建ての管理棟など、さらに47年に体育館兼講堂が完成し、新校舎が整った。この年は明治6年の創立からちょうど100年を迎える年でもあった。〈伊都郡九度山町九度山・昭和47年・提供＝九度山小学校〉

▲高野山小学校講堂上棟式　明治期の高野山の女人禁制解除により、男女共同の生活の場が増え、それに伴い子どもの数も増えていった。これを受け、明治39年に私立の小学校が開校したことに続き、同41年に公立の高野山小学校が設立された。公民館を兼ねていた写真の講堂は、現在運動場となっている場所に建っていた。〈伊都郡高野町高野山・昭和31年・提供＝福形崇男氏〉

▼湯川小学校　卒業記念に撮られた一枚。写真には湯川小学校児童に加え、高野山中学校湯川分校の生徒も写っている。昭和45年、高野山中学校が湯川を含めた分校を統合したことで、同湯川分校は廃校。湯川小学校も昭和63年に休校後、平成16年に閉校となっている。〈伊都郡高野町湯川・昭和28年・提供＝高野町教育委員会〉

▶白藤小学校　新校舎の建設記念写真。大正10年から昭和20年にかけて児童数は増加していったが、その後は集落全体の子どもが減り続け、平成9年に休校、同20年に廃校となった。〈伊都郡高野町細川・昭和26年・提供＝高野町教育委員会〉

▲奥安楽川中学校　桃山中学校の前身。昭和23年に奥安楽川村立の学校として誕生した。写真の校舎は創立時に住民総出の作業で建設された。昭和31年の桃山町発足後、桃山中学校と改称された。桃山中学校は現在休校中となっている。〈紀の川市桃山町善田・昭和27年・提供＝荒川中学校〉

▼細野中学校　開校から閉校までの期間は24年と短かったが、全盛期には生徒数が120人を超えた。昭和47年その数が24人にまで減少し、桃山中学校へ統合された。〈紀の川市桃山町垣内・昭和29年・提供＝荒川中学校〉

▲岩出中学校の木造校舎　昭和22年に開校した当初、岩出町、山崎村、根来村、上岩出村、小倉村の各小学校を仮校舎として授業を行った。翌年から始まった新校舎の建築工事は5期、9年にわたるものとなった。〈岩出市西野・昭和40年頃・提供＝岩出市民俗資料館〉

▶妙寺中学校の旧校舎　この校舎は、現在はかつらぎ町に属しているが、当時は妙寺町、大谷村として独立していた２つの町村が、学校組合立の統合中学校として昭和25年に建設したもので、正式な校名は「妙寺町・大谷村学校組合立妙寺中学校」であった。採光、防音など文部省の推奨する模範的な建て方で、優良施設校として表彰されたこともある。写真は運動場から北を眺めており、校舎の背後の山は和泉山脈である。昭和56年、鉄筋コンクリート造りの新校舎の落成に伴い取り壊された。〈伊都郡かつらぎ町妙寺・昭和30年頃・提供＝妙寺中学校〉

▲橋本高校の学校全景　明治44年橋本町立実科高等女学校が開校。大正４年に橋本町立高等女学校、同７年に伊都郡立橋本女学校と改称後、現在地に移転、９年に県立橋本高等女学校となった。戦後、橋本高校となった後は男女共学となり、橋本町だけでなく、伊都郡内の他町村からも多くの生徒を集めている。〈橋本市古佐田・昭和25年・提供＝橋本高等学校〉

▶粉河高校の全景と校歌　旧制粉河中学校と旧制粉河高等女学校を前身とし、女学校の校舎を使用して開校。校歌に「橘匂うこの丘」「白菊香るこの丘」と歌われるように、対面に龍門山を望む丘の上に建つ。〈紀の川市粉河・昭和24年・提供＝粉河高等学校〉

◀**那賀高校**　大正12年開校の県立那賀農業学校を前身とする。写真右の校舎は昭和56年に竣工した鉄筋校舎。学校の正門と、写真左の体育館の玄関口は那賀農業学校時代のものが残っている。〈岩出市高塚・昭和50年代・提供＝岩出市民俗資料館〉

▶**笠田高校**　新学制に移行し、伊都郡内には橋本、伊都、笠田の3つの高等学校が設置された。笠田高校は、笠田高等女学校の校舎を使用しての開校だった。校名は「笠田」と「睦ヶ丘」の2案から選ばれた。〈伊都郡かつらぎ町笠田東・昭和34年・提供＝笠田高等学校〉

◀**貴志川高校の創立**　戦後間もない昭和23年、那賀郡の河南地域に高校が誕生した。はじめは那賀高校の定時制分校として発足、生徒数の増加から全日制の女子校となり、貴和高校と改名した。昭和58年に男女共学となるのに伴い、貴志川高校と改名され現在に至る。文化、スポーツ両面で活躍している。〈紀の川市貴志川町長原・昭和58年・提供＝貴志川高等学校〉

▶高野山高校　明治19年に古義大学林（現高野山大学）に併設される形で開校した古義真言宗尋常中学林が起源である。大正5年に大学から独立、同14年に写真の校舎が完成、15年に高野山中学（旧制）と改称した。戦後、高野山高校となり、平成18年には創立120周年を迎えた。昭和30年に完成した体育館が写るので、それ以降に撮影されたものと思われる。〈伊都郡高野町高野山・昭和30年代・提供＝高野町教育委員会〉

◀橋本小学校　小学校北側から望む。まだ木造校舎が残っている。周囲は田んぼが目立ち、右上には橋本市役所が写っている。〈橋本市東家・昭和30年代・提供＝阪口繁昭氏〉

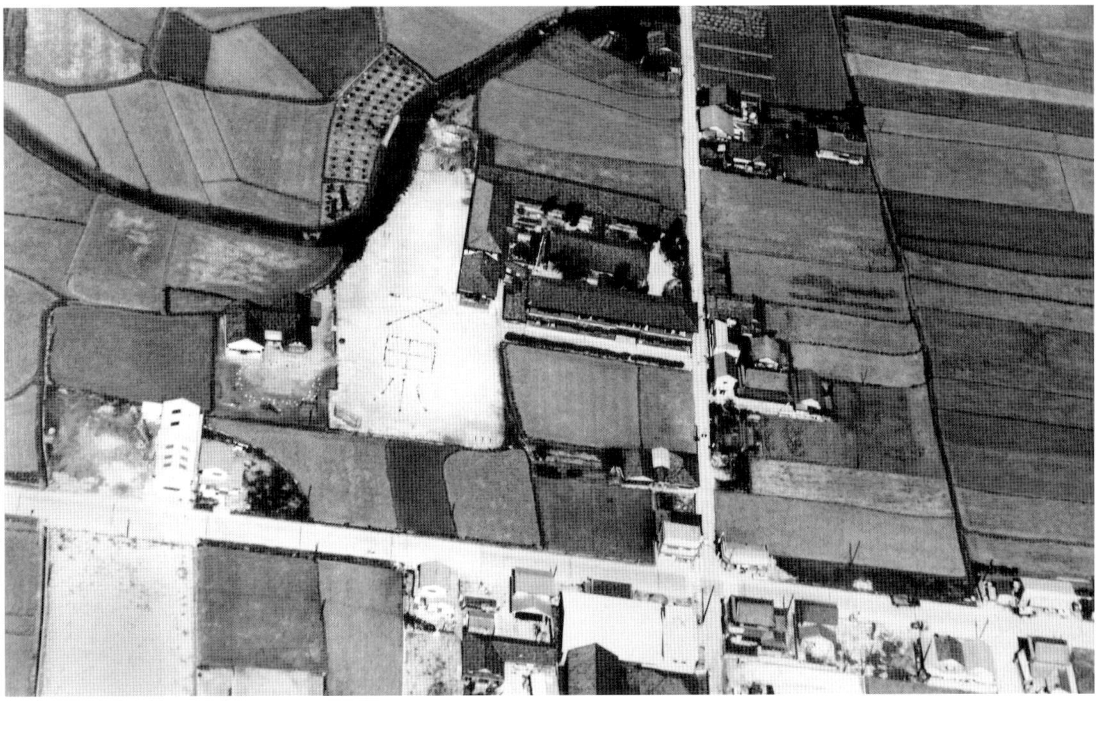

▶隅田《すだ》小学校　東京オリンピック開催を記念して撮影された一枚。写真中央が小学校校舎、そこから人文字を挟んだ左側に併設されていた保育園が写る。この年、隅田、兵庫、山内の各小学校が統合され、新たに隅田小学校となっている。〈橋本市隅田町垂井・昭和39年・提供＝隅田小学校〉

◀**川原小学校**　南側から望んでいる。現在の景観とほとんど変わらない。校舎の南側と講堂が連絡橋でつながっている。現在、連絡通路は撤去され、講堂だった五角形の建物は粉河地区公民館川原分館となっている。〈紀の川市野上・昭和59年・提供＝川原小学校〉

▶**安楽川小学校**　昭和30年から順次鉄筋校舎への建て替えが進んでいった。写真中央下に、昭和40年に完成したプールが写っている。このプールは荒川中学校との共同施設であった。現在はプールの場所に小学校の新校舎が建っている。〈紀の川市桃山町市場・昭和40年頃・提供＝稲垣明美氏〉

◀**調月小学校**　北西から望んでいる。現在も写真当時と同じように校舎とグラウンドの間に段差があるが、校地は広くなり、写真の右下あたりにプールが建設されている。鉄筋校舎の上あたりには大日寺の屋根が見える。〈紀の川市桃山町調月・昭和34年・提供＝調月小学校〉

▶西貴志小学校　南東から望む。写真の校舎は木造で、鉄筋校舎が完成するのは昭和51年のことである。現在は、校舎の上（北西）に県道13号が整備されている。〈紀の川市貴志川町長原・昭和33年・提供＝西貴志小学校〉

◀岩出小学校　明治18年に岩出小学校と溝川小学校が合併し、新たに岩出小学校が誕生してから90周年の年に撮影された。写真の右端（東）には春日川が写るが、そこから岩出小学校までの間は田畑が続いていたことがわかる。校舎の南の台形屋根の建物は雨天体操場を兼ねた講堂である。〈岩出市清水・昭和50年・提供＝岩出小学校〉

▶上岩出小学校　中央に大きく写るのが大池、その上が上岩出小学校、校庭には「1973」と描かれている。写真左側大日寺の周辺は住宅が密集しているが、小学校の周囲は田園が広がっている。現在は池の右下部分に水栖大池公園が造営されている。〈岩出市水栖・昭和48年・提供＝上岩出小学校〉

◀**九度山小学校**　東に望んでいる。写真中央が九度山小学校、その下が九度山幼稚園、上端に谷を隔てて九度山中学校のグラウンドが写る。小学校のグラウンドには子どもたちが遊んでいる姿が見え、中学校には「九中」と文字が描かれている。小学校の左下には南海高野線九度山駅があり、そこから鉤型《かぎがた》に小学校への通学路が伸びる。〈伊都郡九度山町九度山・昭和30～40年代・提供＝九度山小学校〉

▶**荒川中学校**　東に望んでいる。昭和23年に完成した木造平屋建てスレート葺きの校舎が3棟並ぶ。学校の右側の道路は昭和57年に国道424号に指定された。桃山町の名産であるモモの木が所々に見られる。〈紀の川市桃山町元・昭和40年頃・提供＝稲垣明美氏〉

◀**細野小学校と中学校**　写真左のグラウンドには大きく「ホソ中」とあり、右端には「ホソ小」の文字が一部見えている。写真上部を並行に真国川が流れる。同校は平成2年より休校になっている。現在この辺りにはキャンプ場が設置されている。〈紀の川市桃山町垣内・昭和30年代・提供＝荒川中学校〉

▶橋本高校　標高 122 メートルの古佐田ヶ丘に位置する橋本高校の木造校舎。写真の翌年に鉄筋コンクリート造三階建ての新校舎が竣工している。〈橋本市古佐田・昭和 37 年・提供＝橋本高等学校〉

▲粉河高校　写真右のグラウンドは昭和 38 年の拡張工事で完成したもの。丘の上に建つ校舎群は、老朽化のため昭和 47 年から建て替え工事が始まった。〈紀の川市粉河・昭和 38 ～ 47 年・提供＝粉河高等学校〉

◀那賀高校　紀北農業学校時代に建てられた校舎。普通科と農業科、園芸科、農業土木科の4科をもって開校、そのうちの林業課程は昭和28年に廃止となったが、同36年時には普通課程700人、農業課程農業科150人、同園芸科150人、同農業土木科100人に定時制を含めると合計1,300人の生徒を有し、校地は県下で最も広かった。〈岩出市高塚・昭和30年代・提供＝那賀高等学校〉

▶笠田高校　笠田高等女学校時代から引き継いだ校舎は、昭和51年の火災により1,818平方メートルを焼失し、翌年に鉄筋校舎が完成した。〈伊都郡かつらぎ町笠田東・昭和55年・提供＝笠田高等学校〉

◀農業大学校と伊都高校園芸科　写真中央やや下に和歌山県農業大学校（現農林大学校）校舎、その右上に伊都高校園芸科の校舎が並ぶ。伊都高校園芸科は、昭和62年に那賀高校の農業関係の学科と統合され、新たに紀北農芸高校となった。〈伊都郡かつらぎ町中飯降・昭和55年・提供＝和歌山県農林大学校〉

▶山田小学校の運動会　山田小学校には北部の山田地区内に分校があり、山田、吉原両区の１～３年生が分校に通学、4年生から本校に通った。運動会は、毎年10月初めに行われ、本校と分校の児童が一緒になる機会だった。昭和30年代は車も少なく、バスが橋本駅前から学校横を通り下吉原まで走っていた。この頃、農協の有線放送（電話）も設置され、交換手を通じて「神野々14番、14番」などと呼びだしがあり、通話ができた。〈橋本市柏原・昭和30年代中頃・提供＝高崎正紀氏〉

◀橋本小学校で遊ぶ児童　運動場の南に設けた車の古タイヤ。休憩時間や放課後に子どもたちがキャッキャ言いながらタイヤ跳びをしてよく遊んでいた。4回、5回練習するとウサギのようにぴょんぴょんと上手に飛び移れるようになった。〈橋本市東家・昭和44年・提供＝北森久雄氏〉

▶ウサギと一緒　隅田小学校の4年生が飼育していた。小屋には「エリー」「ピョンタ」と表札が取り付けられている。夏休みが始まる前にはみんなでウサギ小屋をきれいにしたという。〈橋本市隅田町垂井・昭和40年・提供＝隅田小学校〉

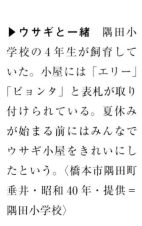

▲図書館の貸し出し　図書委員は本の貸し出し作業で大忙し。読書の秋には大勢の児童が本を借りにきた。〈橋本市隅田町垂井・昭和40年・提供＝隅田小学校〉

▲紀見小学校の開校50周年記念式典　明治38年に辻、胡麻生、橋谷の各尋常小学校が統合され、紀見尋常高等小学校が開校した。開校50周年を祝う式典が紀見小学校の講堂で開かれている。〈橋本市橋谷・昭和31年・提供＝紀見小学校〉

◀紀見小学校のニュース掲示板　当時の社会情勢を伝えるために始めたものだろうか。この日は、生息数の減少が心配されていたオットセイの樺太方面での繁殖が進んでいると、達筆な字で報じている。〈橋本市橋谷・昭和29年・提供＝紀見小学校〉

▲恋野小学校の運動会　カメラを向けられ悪ふざけをする男の子と、気恥ずかしそうにする女の子が対照的。当時は1学年1クラス、全校児童120人ほどであったが、人数が少ない分、子どもたちの仲はとても良かったという。〈橋本市赤塚・昭和53年頃・提供＝窪田憲志氏〉

▶信太小学校の児童たち　4、5年生だろうか。子どもたちは外でどろんこになりながら、夕暮れまで遊んだ。〈橋本市高野口町九重・昭和35年頃・提供＝平田麻里氏〉

▲池田小学校の運動会　写真は３年生の徒競走。観客の声援を受けながら思いきり走っている。子どもたちは運動会をとても楽しみにし、手作りのお弁当を口いっぱい頬張ったものだ。プログラムの地区対抗リレーでは、大人も子どもも一緒になって盛り上がったという。〈紀の川市南中・昭和43年頃・提供＝川口均氏〉

▼粉河小学校　粉河小学校の運動場で、全校児童による演奏会が行われている。同校には講堂があるが、全員で演奏するため運動場で行われたのだろう。運動場の東側から西方向を撮影している。〈紀の川市粉河・昭和31年・撮影＝橘信秀氏〉

▲粉河小学校のイモ掘り　教師と児童たちが運動場の南側にあった畑でサツマイモを収穫していた。〈紀の川市粉河・昭和29年・撮影－橋信秀氏〉

▼川原小学校の身体測定　視力検査の真っ最中。カメラに気を取られず上手にできるかな。〈紀の川市野上・昭和36年・提供＝川原小学校〉

▼豊年おどり　川原小学校運動会のひとコマ。豊作を祈願し、児童たちが櫓を囲んで踊った。この翌年に新しい講堂が落成している。〈紀の川市野上・昭和38年・提供＝川原小学校〉

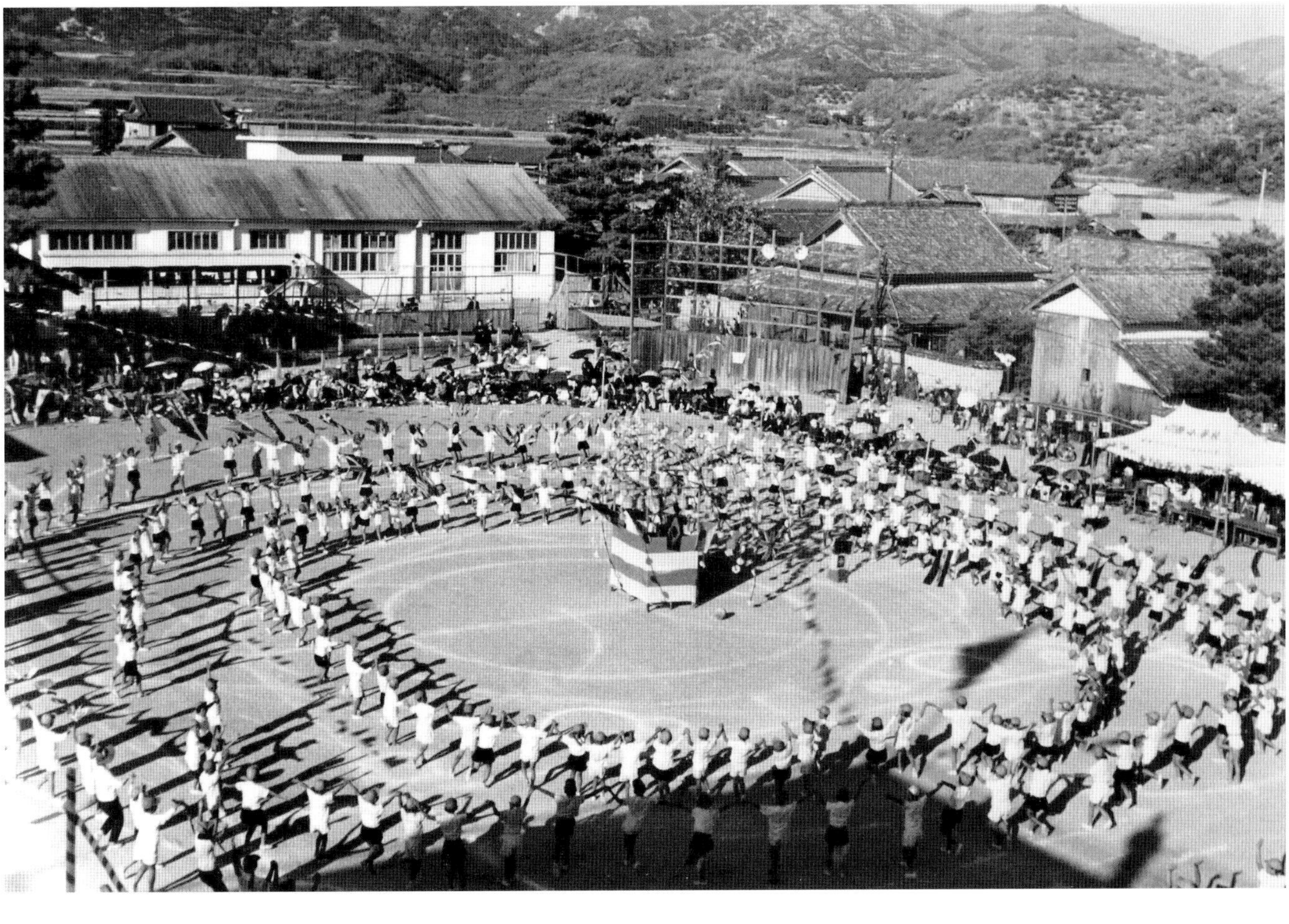

◀校長先生のお話　山崎小学校の秋季運動会。皆裸足で真剣に話を聞いているが、中には「早く競技が始まらないかな」とばかりの表情で退屈そうにしている子どもも。〈岩出市中黒・昭和27年・提供＝山崎小学校〉

▲笠田小学校４年生の仲良し学級　春の日に国道24号の堤防へ出て、新学期の集合写真を撮った。写真の中の１人は、「担任の吉岡先生を中心に、笑顔いっぱいの教室だった」と振り返る。〈伊都郡かつらぎ町笠田東・昭和25年・提供＝広原利弘氏〉

▶真田庵で人形劇　九度山小学校を出て、これから真田庵に向かうところか。児童たちは「これからすぐ真田庵で人形劇をいたします」と書かれた看板を持ち、坂を下ってきている。坂の上の建物は九度山駅舎で、この道は九度山小学校の通学路にもなっていた。86ページ上段の写真と同じ交差点で、このときはまだ真田橋が完成していない。〈伊都郡九度山町九度山・昭和27年・提供＝九度山小学校〉

▼奥安楽川中学校の給食風景　昭和24年から39年にかけて、ユニセフから寄贈された脱脂粉乳が全国的に給食に出されるようになった。独特な味で苦手な子どもも多かった。奥安楽川中学校は桃山中学校となった後の昭和35年、那賀郡内で最も早く完全給食を実現した。〈紀の川市桃山町元・昭和28年・提供＝荒川中学校〉

◀**人形の応援団**　奥安楽川中学校の運動会。手作りの人形は日の丸を持ち、生徒たちの活躍を見守っている。〈紀の川市桃山町善田・昭和 25 年・提供＝荒川中学校〉

▼**貴志川保育所の運動会**　貴志川保育所は、現在の JA 紀の里貴志川支所の隣にあった。その運動会が、貴志川体育館隣のグラウンドで開催された。グラウンドは現在の貴志川生涯学習センターの場所にあり、保育園の運動会だけでなく、貴志川町民体育祭なども行われたという。〈紀の川市貴志川町長山・昭和 55 年頃・提供＝落合徹也氏〉

▼**奥安楽川中学校の校内野球大会**　ユニフォームはバラバラだが、皆真剣な眼差しである。当時の子どもたちはバットとボールがあればできる野球の虜になった。夢中になってバットを振り、白球を追いかけた。同世代からは王、長島といった大スターも生まれた。〈紀の川市桃山町善田・昭和 25 年頃・提供＝荒川中学校〉

▼農業センターの体育の授業　農業の基礎知識や実習だけでなく、体育の科目も設けられていた。写真ではバスケットボールの試合の、真っ最中。グラウンドに設置されたゴールめがけ、プレーに熱が入る。〈伊都郡かつらぎ町中飯降・昭和41年・提供＝和歌山県農林大学校〉

▲仮装行列　那賀高校体育祭でのひとコマ。女子生徒がホンダのスーパーカブを引いて登場。〈岩出市高塚・昭和43年頃・提供＝稲垣明美氏〉

▶寮の掃除　農業センターの農業講習所。当時は全寮制で、寮の掃除も学生たちの大事な日課であった。〈伊都郡かつらぎ町中飯降・昭和40年代前半・提供＝和歌山県農林大学校〉

あなたのページ

想い出の写真をお貼りください。

写真取材を振り返って

平成二十九年十月末、本アルバムの取材対象地域が台風二一号により大きな被害を受けました。私は翌月から取材のため現地入りしましたが、住宅地の冠水や道路の寸断など、被害の大きさを目の当たりにし、「取材ができるだろうか」とようすを見ながらのスタートになりました。まずは役所や学校を中心にアポイントメントを取り、少しずつ情報収集をしていきました。

　写真が思うように収集できず困っていたとき、地元の方から「本が完成したら子どもや孫に見せたいです」「地域の本を作ってくれてうれしい」といった温かい言葉をかけていただきました。そして、この言葉が私の背中を強く押してくれました。また、数多くの取材先をご紹介いただき、なかには何度も同行して、写真の内容や年代を一緒に検証してくださった方もいらっしゃいました。そして、最終的にはたくさんの貴重な資料をご提供いただくことができました。これは地域を愛する方々が「このような本ができるなら、どうか地域で協力して写真を探してやってもらえないか」と本企画を知らない隣近所にまでお声がけくださったおかげです。この地域の方々に幾度となく助けられ、その温かさに感激しました。

　まもなく平成の幕が下ります。昭和はもうすっかり遠い昔になりつつあります。それでも忘れないでほしいのは、今日の私たちがいることは、終戦後、必死で復興に尽力した人びと、激動の時代を乗り越えてきた人びとがいたからだということです。写真はその時代を映すまさに「証言者」だと言えるでしょう。このアルバムがきっかけとなって、未来の子どもたちが社会や歴史に興味を持ってくれたら。故郷を離れて暮らす方に、美しいふるさとを思い出してもらえたら。地元の方に良きふるさとを懐かしく感じていただけたら。そう願いつつ、まだ見ぬたくさんの読者の顔を想像して取材に当たりました。誌面の都合上、すべての写真を掲載することは叶いませんでしたが、紀ノ川筋の村や町には、同じ日本人として全国の方にもぜひ見てほしい美しい風景や、忘れられないエピソードがたくさんあります。

　最後になりましたが、ご多忙のなか、監修を快諾してくださいました瀬崎浩孝先生をはじめ、執筆をご担当いただいた諸先生方、快く写真を提供してくださった地域の皆様、お話を伺ったすべての方に御礼申し上げます。本当にありがとうございました。

江草三四朗

平成三十年六月

協力者および資料提供者

（敬称略・順不同）

稲垣明美
上野チヅ子
岡村哲明
奥　重貴
大﨑　博
落合徹也
川口　均
河島　潤
北風雅章
北山卓嗣
木下正兒
木下善之
木村康恵
窪田憲志
小畑雅行
小堀裕弘
阪口繁昭
櫻井大智
櫻井功康
佐田篤彦
佐野良樹
澤田卓也
清水信弘
菅野照男
曽和眞一郎
台丸谷久実
高見彰彦
瀧脇収二
唯見静子
橘　信秀

橘　信行
巽　好彦
谷口善志郎
谷口正義
田端康久
田村勝實
辻本　力
辻　優人
戸谷彰臣
中田俊子
名山雅庸
成瀬匡章
西岡忠興
丹羽敦子
丹羽敬治
福形崇男
花岡孝治
花谷浩司
林　勝
半浴和生
平田麻里
廣鰭美紀
広原利弘
福島美恵子
松田和子
松田孝男
水田雅子
宮口　進
森山　進
柳瀬森哉

吉本隆三
ＦＭはしもと株式会社
カットクラブオズ
高野山出版社
小堀南岳堂
ツハダ写真店
花田屋
浜口薬局
ふみや
総本山根來寺
天満神社
紀見小学校
隅田小学校
橋本小学校
高野口小学校
妙寺小学校
九度山小学校
上名手小学校
川原小学校
調月小学校
西貴志小学校
岩出小学校
上岩出小学校
根来小学校
山崎小学校
妙寺中学校
荒川中学校
橋本高等学校
笠田高等学校
粉河高等学校

貴志川高等学校
那賀高等学校
高野山大学
和歌山県農林大学校

橋本商工会議所
橋本中学校昭和26年度卒業生「二・六会」
橋本市まちの歴史資料保存会
前畑秀子朝ドラ誘致実行委員会
平和祈念像奉讃会

橋本市郷土資料館
岩出市民俗資料館

学校法人椙山女学園椙山歴史文化館

橋本市役所総合政策部秘書広報課
かつらぎ町役場総務課庶務係
かつらぎ町役場花園支所
紀の川市役所教育委員会生涯学習課
紀の川市商工観光課
紀の川市地域おこし協力隊
名手公民館
貴志川生涯学習センター
高野町教育委員会

＊このほか多くの方々から資料提供やご教示をいただきました。謹んで御礼申し上げます。

おもな参考文献

（順不同）

『ふるさと橋本市』（ふるさと橋本市編集委員会・昭和六十年）
『橋本市史　近現代史料Ⅰ』（橋本市史編さん委員会・平成十三年）
『橋本市史　近現代史料Ⅱ』（橋本市史編さん委員会・平成十五年）
『橋本の町と町家　中心市街地伝統的町並み調査の記録 1999 ～ 2002』（橋本市・平成十四年）
『２００７　橋本商工会議所創立50周年記念誌』（橋本商工会議所・平成十九年）
『高野口町誌　上巻』（高野口町誌編纂委員会・昭和四十三年）
『高野口町誌　下巻』（高野口町誌編纂委員会・昭和四十三年）
『かつらぎ町史　通史編』（かつらぎ町史編集委員会・平成十八年）
『水害記録誌　よみがえった郷土　昭和28年大水害をふりかえって』（和歌山県花園村・平成六年）
『改訂　九度山町史　通史編』（九度山町史編纂委員会・平成二十一年）
『九度山小学校改築・創立百年記念誌』（九度山小学校記念誌編集委員・昭和四十七年）
『高野町史　近現代年表』（高野町史編纂委員会・平成二十一年）
『高野町史別巻　高野町の昔と今』（高野町史編纂委員会・平成二十六年）
『那賀町史』（那賀町史編集委員会・昭和五十六年）
『粉河町史　第一巻』（粉河町史専門委員会・平成十五年）
『粉河町史　第四巻』（粉河町史編さん委員会・平成二年）
『和歌山県立粉河高等学校　創立百周年記念誌』（創立百周年記念誌編集委員会・平成十二年）
『池田村誌』（名賀郡池田村公民館・昭和三十五年）
『打田町史　第二巻　資料編Ⅱ』（打田町史編さん委員会・昭和五十九年）
『打田町史　第三巻　通史編』（打田町史編さん委員会・昭和六十一年）
『和歌山県移民史』（和歌山県・昭和三十二年）
『百合山　百合山の自然と遺跡を生かす会創立20周年記念誌』（百合山の自然と遺跡を生かす会・平成十九年）
『桃山町誌　歴史との対話』（桃山町企画室町誌編纂斑・平成十四年）
『写真で見る100年史　花も実もある桃山町』（桃山町企画室町誌編纂斑・平成十四年）
『貴志川町史　第一巻　通史編』（貴志川町史編集委員会・昭和六十三年）
『岩出町誌』（岩出町誌編集委員会・昭和五十一年）
『ふるさとの思い出73写真集明治・大正・昭和　橋本』（桜井隆治・昭和五十五年）
『目で見る　橋本・伊都・那賀の100年』（北尾清一、岩鶴敏治・平成五年）
『保存版　橋本・伊都・那賀今昔写真帖』（中野榮治・平成十六年）

「紀の川新報」（紀の川新報社）
「きのかわ新聞」（きのかわ新聞株式会社）

＊このほかに各自治体の要覧や広報誌、新聞記事、住宅地図、ウェブサイトなどを参考にしました。

写真取材

江草三四朗（桜山社）

装幀・DTP

伊藤道子

編集・制作

宇佐美紀人

販売企画

樹林舎出版販売

写真アルバム　**橋本・紀の川・岩出・伊都の昭和**

2018年6月14日　初版発行

発 行 者　山田恭幹

発 行 所　樹林舎
〒468-0052　名古屋市天白区井口1-1504-102
TEL: 052-801-3144　FAX: 052-801-3148
http://www.jurinsha.com/

発 売 元　和歌山県教科書販売株式会社

印刷製本　図書印刷株式会社

ISBN978-4-908436-19-2 C0021
＊定価はカバーに表示してあります。
＊乱丁・落丁本はお取り替えいたします。